조지 래드의
종말론 강의

The Last Things: An Eschatology for Laymen

Copyright © 1978 by Wm. B. Eerdmans Publishing Company
Originally published in English as ***The Last Things: An Eschatology for Laymen***
by Wm. B. Eerdmans Publishing Company of 2140 Oak Industrial Dr. NE,
Grand Rapids, Michigan, 49505, USA.

All rights reserved.

This Korean Edition © 2017 by Jireh Publishing Company,
Goyang-si, Gyeonggi-do, Republic of Korea.
This Korean edition is published by arrangement
of Wm. B. Eerdmans Publishing Company through rMaeng2, Seoul,
Republic of Korea.

이 한국어판의 저작권은 알맹2 에이전시를 통하여 Wm. B. Eerdmans Publishing Company와 독점 계약한 이레서원에 있습니다. 신 저작권법에 의하여 한국 내에서 보호 받는 저작물이므로 무단 전재와 무단 복제를 금합니다.

✽ 본서는 『개혁주의 종말론 강의』(이레서원)를 개정한 책입니다.

George E. Ladd

조지 래드의
종말론 강의

THE LAST THINGS:
AN ESCHATOLOGY FOR LAYMEN

조지 래드 지음
이승구 옮김

이레서원

재개정판을 출간하면서

고(故) 조지 래드(George Elden Ladd) 교수가 신학을 전문적으로 공부하지 않은 성도를 위해서 1978년에 썼던 이 책이 우리말로 출판된 것이 1983년이므로, 그것도 벌써 24년 전의 일입니다. 이 시점에서 영어판으로 볼 때 "28년이나 된, 성도들을 위한 이 책이 신학을 공부하는 학생들의 '종말론' 강의에 항상 도움이 되는 이유는 무엇일까?" 하고 자문해 봅니다. 그것은 신학을 전문적으로 공부하는 이들은 항상 비전문가들을 위해서 그들의 전문적 지식을 진술하는 일을 해야 하는데, 이런 일에 좋은 모범이 필요해서 이런 성격의 책이 필요한 것이라고 생각해 봅니다. 그래서 신학생들의 종말론 강의 듣기와 정리와 설교에 도움을 주기 위해서, 이 책을 개정해서 출판하게 되었습니다.

이제는 많은 이들이 이 책에 제시된 생각에 익숙해졌으리라고 생각하면서도, 또한 이 평이한 책의 가르침을 절실히 필요로 하는 이들이 한국 교회 내에 아직도 많이 있다는 현실적 상황이 이 책의 재판을 부채질했습니다. 그러나 그래도 이제는 한국 신학계 내에서 예수 그리스도의 사역으로 말미암아 '하나님 나라'(神國), 즉 천국(天國, 하늘나라)이 이미 임했으며, 주 예수님의 재림 때에 그 나라가 극치(consummation)에 이를 것을 아주 자명한 성경적 가르침으로 인정하는 분위기가 형성된 것에 대해 '큰' 기쁨을 표합니다. 우리 모두가 그리스도의 사역에 의해서 이미 우리에게 임하여 온 하나님 나라(神國), 즉 천국(天國)과 종말의 성격에 충실하면서, 이 역사 가운데서 극치에 이르기까지 진행해 가는 하나님 나라의 백성의 역할에 충실하며, 그 나라의 극치를 대망할 수 있었으면 합니다. 그리고 그 일에 이 책의 가르침이 도움이 될 수 있기를 하나님께 기원합니다.

이 책이 말하려는 래드의 의도를 더 잘 드러내기 위해서 보충적인 부록의 글을 이 개정판에 붙였습니다. 비교해서 읽으면 더 큰 도움을 얻을 수 있을 것입니다.

이 책을 출판해 주시는 도서출판 이레서원에 감사를 드립니다. 부디 이 책과 대화하는 모든 이들이 하나님 나라 사상을 배우는 데 큰 진전이 있기를 기원합니다.

2017년 7월 1일
합동신학대학원대학교 연구실에서
이승구

차례

CONTENTS

1. 성경의 예언을 어떻게 해석할 것인가 _9
2. 이스라엘은 어떻게 될 것인가 _29
3. 중간 상태 _45
4. 그리스도의 재림 _63
5. 재림을 지칭하는 데 사용된 용어 _79
6. 적그리스도와 대환난 _93
7. 부활과 휴거 _115
8. 심판 _137
9. 하나님의 나라 _161

부록: 종말 신학의 프롤레고메나 _189
역자 후기 _229

THE LAST THINGS:
AN ESCHATOLOGY FOR LAYMEN

01

성경의 예언을 어떻게 해석할 것인가

마지막에 일어날 일들에 관해서 성경은 무엇을 가르치는가 하는 문제에 들어가기에 앞서서, 우리는 방법론 문제를 다루어야 한다. 우리의 종말론을 어떻게 구성할 것인가? 복음주의는 성령의 감동으로 된 성경이, 우리의 신앙과 생활의 유일한 규범임을 인정한다. 그러나 다양한 교의적 주제에 관해서, 특히 종말론에 관해서는 성경은 무엇을 가르치고 있으며, 이런 문제는 실제로 어떻게 적용되어야 할까?

많은 복음주의자들은 '전체 성경'의, 곧 '모든 성경의 영감'이라는 것은 결국 모든 성경이 똑같은 신학적 가치를 가진 것이라는 결론을 낸다고 느낀다. 성경의 많은 예언들은 마치 일련의 조각 그림과 같아서 단순히 잘 맞추기만 하면 현재와 미래에 대한 하나님의 구속 경륜의 커다란 모자이크를 보여 줄 수 있다는 것이다.

그러나 조금만 생각해 보아도, 이것은 불가능함을 알 수 있다. 신약과 구약은 상당히 다른 주제를 다루고 있기 때문이다. 구약은 주로 하나님께서 자신의 백성으로 부르신, 선택된 아브라함의 후예인 이스라엘 백성에 대한 관심이다. 이스라엘은 열방 중에서 한 왕, 한 성전, 한 제사장직을 지닌 국가이다. 구약은 주로 이 민족의 역사이다. 이 민족과 여러 국가 간의 전쟁, 종교적 부흥과 배교, 앗시리아와 바벨론에 의한 패배와 포로로 잡혀감, 그리고 에스라와 느헤미야 시대에 남은 자들, 그들의 고토인 팔레스타인으로의 회복 등이 그것이다.

왕국 시기와 포로기를 통해서 이스라엘 중에 선지자들이 일어나 이스라엘의 배교에 대한 하나님의 심판을 선포했다. 그러나 이스라엘의 배교가 궁극적인 것이고 회복될 수 없는 것이 아님을 선언한다. 미래의 어느 날 하나님께서는 그들에게 부흥을 일으키셔서, 그들로 회개하게 하고 하나님께 순종하게 할 것이다. 결국 이것은 이스라엘에 대한 하나님의 은혜를 회복하게 해서, 이스라엘은 평화와 번영으로 다시 회복되고 그 땅을 상속하게 될 것이다. 이렇게 구약에서는 종말론적 구원이 언제나 이스라엘 백성의 민족적, 신정적(神政的) 운명의 용어로 그려진다. 구약에는 정확하게 기독교회 자체에 관한 명백한 예언이 없다. 물론 이방인들도 미래 이스라엘 중에서 한자리를 차지할 것이다. 그러나 구약에는 그 위치가 어떤 것인지에 대한 단일한 개념이 없다. 어떤 곳에서는 이방인들이 무력으로 정복되어 이스라엘을 섬기게 될 것이라고 한다(암 9:12; 미 5:9-13; 7:16-17; 사 45:14-16; 49:23; 60:12, 14). 또 어떤 곳에서는 이방인들도 이스라엘의 신앙을 갖게 되어 이스라엘의 하나님을 섬기게 될 것으로 나타난다(습 3:9, 20; 사 2:2-4; 42:6-7; 60:1-14; 슥 8:20-23; 14:16-19). 그러나 이스라엘은 항상 하나님의 백성이고, 미래 구원은 무엇보다도 이스라엘의 구원인 것으로 나타난다.

여기서 신약으로 눈을 돌리면, 우리는 완전히 다른 상황에 직면하게 된다. 예수님께서는 자신을 이스라엘의 메시아로 주셨으나, 거부당하고 마침내는 십자가에 달리고 만다. 그 결과로 하나님 나라를 이스라엘은 빼앗기고, 그 나라의 열매 맺는 백성이 받게 된다(마 21:43). 그러나 이스라엘 중 남은 자들은 예수님의 메시지를 듣고 믿어 그의 제자가 된다. 사도행전은 오순절에 교회가 세워진 이야기를 전해 준다. 그러나 이 교회는 이스라엘과는 근본적으로 다르다. 이스라엘처럼 민족이 아니고, 교회는 예수를 메시아로 믿는 백성의 개방된 공동체이다. 처음에는 교회가 주로 유대인들로 구성되었으나, 사도행전은 교회가 어떻게 이방 세계로 퍼져 나가 많은 이방인들을 교회 공동체로 받아들였는가를 말하고 있으며, 주로 이방인들로 구성된 로마 교회에 바울이 복음을 전파하는 이야기로 결론짓고 있다. 그리고 신약의 종말론은 주로 교회의 미래를 다룬다.

이렇게 우리는 이스라엘 민족의 이야기와 교회의 이야기라는 두 개의 상이한 이야기를 본다. 이 명백한 딜레마를 어떻게 해결할 것인가?

두 개의 극단적인 대답이 제안되고 있고, 예언에 대해 공부하는 이는 누구나 그중 하나를 선택해야만 한다. 첫째는 하나님께서 이스라엘을 위한 계획과 교회를 위한 계획, 곧 두 개의 상이한 계획을 가지셨다는 것이다. 이스라엘은 팔레스타인의 약속된 땅을 상속받기로 된 신정 민족(神政民族)이었으며, 현재도 그렇고 장래에도 그럴 것이다. 바로 이들을 위해 예수께서는 구약의 예언이 문자적으로 실현될 때, 문자적인 다윗가의 왕이 되실 것이다. 이런 체제를 세대주의(Dispensationalism)라 한다. 일반적으로 세대주의의 주된 강조점은 하나님께서 그 백성을 각각 다른 방법으로 다루시는 일련의 세대나 시기를 강조한다는 데에 있다고 생각된다. 그러나 이것은 옳지 않다. 이렇게 판단한다면, 모든 성경 학도들은 세대주의자가 되어야만 한다. 아브라함 후의 약속의 시대, 모세 아래서의 율법의 시대, 그리스도 아래서의 은혜의 시대, 그리고 장래의 하나님 나라의 시대가 있는 것이다. 오히려 세대주의의 주된 특색은 하나님께서 두 개의 각기 다른 계획과 운명을 예상하고 계신 두 개의 하나님 백성이 있다는 것이다. 즉, 신정적인 지상의 이스라엘이 있고, 영적으로 천상적인 교회가 있다는 것이다(C. C. Ryrie, *Dispensationalism Today*, Moody, 1965, 67쪽을 보라).

예언 해석의 둘째 방법은 점진적 계시를 인정하고 구약을 신약으로 해석하는 것이다. 이것은 옛 언약과 새 언약 사이의 일치를 강조하기 때문에 세대주의자들은 대개 이를 '언약 신학'(covenant theology)이라고 부른다. 그러나 이 방법을 지지하는 필자는 언약 신학의 분위기에서 자라나서 이 방법을 지지하는 것이 아니다. 사실 필자는 처음에는 세대주의자였다. 구약이 예수 그리스도의 인격과 사명에서 주어진 새로운 계시로 해석되어야만 하고 때로는 재해석되어야 한다는 것은, 나 자신의 귀납적인 성경 연구에서 나온 확신이다.

이 원칙을 종말론에 적용하기에 앞서서, 우리는 성경적 기독론(메시아에 관한 성경의 가르침)을 개관함으로 그 타당성을 분명히 해야 할 것이다.

구약에는 그들이 서로 어떻게 연관되는지에 대한 아무런 시사도 없이 나란히 나타나는 메시아적 인물 세 명이 있다. 첫 번째는 다윗가의 왕으로 신약 시대에 '메시아'(the Messiah), '그리스도'(the Christ), '기름 부음 받은 자'(the Anointed One)로 불린 인물이다. 이 다윗 왕좌를 이을 상속자는 이사야 11장에 생생히 묘사되어 있다. 이사야는 다윗의 아버지 이새 계열의 왕가가 몰락한 날을 보고 있다. 그것은 마치 다윗의 자손을 통한 메시아적 희망이 좌절

된 것처럼 보인다. 그러나 그 잘린 나무줄기에서 한 싹, 한 가지가 새로운 왕가의 상속자로 나타날 것이다. '여호와의 영이 그 위에 강림하시리니' 지혜와 총명, 지식을 넘치게 주실 것이다. 이로 인해 그는 그의 백성을 공의와 의, 그리고 정직으로 다스리게 된다. 그의 주된 사명은 공평한 왕이 되는 것이다. 하나님의 백성을 의롭게 다스리실 뿐만 아니라, 그의 원수들을 파멸시킴으로써 그는 이 일을 하신다. "그의 입의 막대기로 세상을 치며 그의 입술의 기운으로 악인을 죽일 것이며"(사 11:4b). 그 결과는 평화와 축복의 통치가 될 것이다. 자연에서 저주가 사라지고, 야수들이 강포함을 버리게 된다. "이리가 어린양과 함께 살며 표범이 어린 염소와 함께 누우며 송아지와 어린 사자와 살진 짐승이 함께 있어 어린아이에게 끌리며"(6절). 그러나 이것은 그 왕국의 한 측면일 뿐이다. "물이 바다를 덮음같이 여호와를 아는 지식이 세상에 충만할 것임이니라"(9절). 이것은 다시 이방인들의 구원을 의미하기도 한다. "그날에 이새의 뿌리에서 한 싹이 나서 만민의 기치로 설 것이요 열방이 그에게로 돌아오리니 그가 거한 곳이 영화로우리라"(10절).

여기에는 뛰어난 사람으로서, 가르치시며 고치시며 사람들을 도우며 다니셨던 겸손한 나사렛 선지자에 대해서는 아무런 언급이 없다. 또한 여기에는 육신이 되셔서 우리 가운데 거하셨던 선재적이며, 영원하신 신적 존재에 대한 언급도 없다. 그뿐만 아니라 사람의 죄를 위해 죽으신 겸손한 종에 대한 언급도 없다. 오직 그의 승리의 통치만이 전적으로 강조되어 있다. 그리고 악한 자들을 몰아내셔서 온 땅에 평화와 의를 세우시는 것만이 나타나 있다.

분명히 이것은 그 구절의 명백한 뜻이고, 예수님 당시의 유대인들이 그 구절을 이해한 방식이다. 마카비 형제들 시대(B.C. 173-164)에는 유대인들이 셀루커스 왕조의 시리아인들로부터 독립을 쟁취하고, 다시 한 번 자신들의 왕을 가진 강력한 독립 국가가 된 일이 있었다. 그러나 주전 63년에 로마는 폼페이 장군의 지휘로 팔레스타인에 그 강력한 손길을 펴서 예루살렘을 정복하고, 많은 유대인들을 죽이고 많은 이들을 전쟁 포로로 끌고 갔다. 이때 한 무명의 유대인은 이런 기도를 했다.

보소서, 주여! 저희들 위에 다윗의 자손, 저희들의 왕을 세우소서.
오! 하나님, 당신께서 돌보시는 날, 당신의 종 그가 이스라엘을 다스리시이다.
그에게 불의한 지배자들을 물리칠 힘을 덧입히소서.
그가 예루살렘 성을 멸망시키고 더럽힌 열방들을 예루살렘에서 몰아낼 수 있도록
그는 모든 죄인들을 지혜롭게, 의롭게 그 땅에서 몰아내리이다.
그는 마치 토기장이가 그릇을 부수는 것같이 죄인들의 교만을 꺾을

것이요, 철장으로 그 모든 조각을 칠 것이외다.
그가 꾸짖으시매, 열방이 그 앞에서 피하여 도망하고,
그는 죄인들을 그들의 마음 생각에서부터 온전케 하리이다.
그의 날엔, 그들 중에 불의가 조금도 없으리니, 이는 모두가 거룩함을 입고 그들의 왕은 여호와의 기름 부음을 받은 자일 것임이외다.

(솔로몬의 시편 17:23-55)

이 시는 여호와의 기름 부음 받은 자, 신약의 말로 하면 주 그리스도를 애타게 기다리는 열망의 표현이다. 그의 주된 역할은 하나님의 백성 이스라엘을 이방의 가증스러운 멍에로부터 구원해 내는 것이다.

이것으로 우리는 로마의 이름으로 갈릴리를 다스리던 헤롯 안디바(Herod Antipas)에 의해 옥에 갇혔던 세례 요한의 난처함을 이해할 수 있다. "요한이 옥에서 그리스도께서 하신 일을 듣고 제자들을 보내어 예수께 여짜오되 오실 그이가 당신이오니이까 우리가 다른 이를 기다리오리이까"(마 11:2-3)라고 묻게 한 것이 그것이다. 메시아가 하신 일이 무엇이었던가? 가르치시고, 병든 자를 고치시고, 나병 환자를 깨끗하게 하시고, 당대의 종교 지도자들을 애태우던 일이 아닌가? 그러나 이런 것들은 메시아가 하기로 되어 있던 일이 아니었다. 메시아는 적대하는 열방들에게 도전하고, 악한 자들을 죽여야 하지 않는가? 헤롯 안디바가 공개적으로 동생의 아내와 간음을 행하며 살고 있는데, 그가 어찌 메시아일 수 있는가? 요한은 헤롯을 책망하고 그 결과로 옥에 갇히고 결국은 죽게 되지 않았던가? 그런데 왜 예수는 헤롯을 책망하지 않는가? 예수는 유대 총독 본디오 빌라도가 대표하는 로마의 식민 통치도 책망하지 않는데, 어떻게 메시아가 될 수 있다는 말인가? 예수가 많은 선행을 행했는지는 몰라도, 다윗가의 메시아로서 기대되는 행위는 하지 않았다. 요한은 용기를 잃지 않았다. 요한은 자기 뒤에 오는 자를 선포하라고 자기를 보내신 하나님의 부르심을 의심치 않았다. 요한 자신이 "(그는) 쭉정이는 꺼지지 않는 불에 태우시리라"(마 3:12)라고 선언하지 않았던가? 요한은 예수님께서 행하시는 일이 일반적으로 왕에게 기대되는 일이 아니었기 때문에, 예수님이 과연 메시아일 수 있겠는가를 물었을 뿐이다. 사실, 예수님은 하나님의 경륜에 대한 새로운 계시의 담지자(擔持者)였다. 그는 참된 메시아요 다윗가의 왕이셨으나, 그의 사명은 이스라엘을 로마로부터 구원하는 정치적인 것이 아니라, 사람들을 죄의 멍에에서 구출하는 영적인 것이었다.

또 하나의 다른 메시아 상(像)은 다니엘 7장에 묘사된 기독론이다. 다니엘은 이상(異像) 중에, 바다에서 나오는 큰 짐승 넷을 본다. 또한 다니엘은 하나님께서 앉아 계신 하늘 보좌를 본다. 그리고 세계의 제국들이 파멸되는 것을 본다. "내가 또 밤 환상 중에 보니 인자 같은 이가 하늘 구름을 타고 와서 옛적부터 항상 계신 이에게 나아가 그 앞으로 인도되매 그에게 권세와 영광과 나라를 주고 모든 백성과 나라들과 다른 언어를 말하는 모든 자들이 그를 섬기게 하였으니 그의 권세는 소멸되지 아니하는 영원한 권세요 그의 나라는 멸망하지 아니할 것이니라"(단 7:13-14).

여기 '인자' 같은 이 인물이 개인인지, 아니면 네 짐승과 같이 어떤 백성을 나타내는 상징인지 하는 것은 여기서는 별로 중요하지 않다. 그것이 무엇이든 간에, 우리는 유대교의 어떤 집단에서는 이 인물을 개인적으로 해석했음을 그 당시의 자료에서 찾아볼 수 있다. 인자는 하나님 면전에 계시는 천상적, 선재적, 초자연적 존재이다. 그는 하나님께서 정하신 때에 이 땅에 오셔서 죽은 자들을 살리시고, 악한 자들을 심판하시며, 하나님 백성을 구속하시고, 그들을 모아 영광스럽고 영원한 나라로 인도하실 것으로 믿어진 것이다.

가장 먼저 강조해야 할 것은 이것이 다윗가의 메시아와는 아주 다른 개념이라는 점이다. 분명히 두 곳에서 인자가 메시아로 언급되었으나, 이것은 유대주의 내에 존재하는 다양한 메시아 개념의 갈등을 잘 나타내 준다. 한 곳에서는 메시아가 다윗의 자손이고, 다른 곳에서의 인자는 초자연적인 존재이다. 메시아는 그저 뛰어난 사람으로 등장하고, 인자는 하늘로부터 온다. 메시아는 평화와 의로 지상 왕국을 다스리나, 인자는 죽은 자를 살리고 변화된 땅 위에서 영광의 왕국을 통치하신다. 이 두 인물은 완전히 다르고, 적어도 겉으로는 서로 배타적이기까지 하다.

이런 배경에서 우리는 예수님께서 자신의 사역과 사명을 지칭하며 '인자' 칭호를 사용하셨을 때, 제자들이 가졌던 당혹감을 이해할 수 있게 된다. 예수님께서 중풍병자의 죄가 사해졌다고 선언하셨을 때, 유대인들은 그가 참람하다고 생각했다. "오직 하나님 한 분 외에는 누가 능히 죄를 사하겠느냐"(막 2:7). 예수님께서는 여기에 대답하여 말씀하시기를 "그러나 인자가 땅에서 죄를 사하는 권세가 있는 줄을 너희로 알게 하려 하노라" 하시고, 중풍병자에게 "일어나 네 상을 가지고 집으로 가라"(막 2:10-11)라고 말씀하셨다. 또 예수님과 그분의 제자들이 안식일에 이삭을 자른다고 비판받았을 때도 예수님은 이렇게 말씀하셨다. "안식일이 사람을 위하여 있는 것이요 사람이 안식일을 위하여 있는 것이 아니니 이러므로 인자(the Son of Man)는 안식일에도 주인이니라"(막 2:27-28).

이것은 참 이해되기 어려운 말씀이다. 예수님께서 어떻게 인자가 될 수 있다는 말인가? 인자는 영광의 영광을 다스리실, 선재하시는 천상적인 존재가 아닌가? 그런데 이 예수는 나사렛 목수의 아들임을 누구나 다 알고 있지 않은가? 도대체 예수가 인자와 공유하고 있는 특성이 무엇인가?

후에는 예수님께서 다니엘의 예언에 좀 더 접근하는 말씀을 하셨다. "누구든지 이 음란하고 죄 많은 세대에서 나와 내 말을 부끄러워하면 인자(the Son of Man)도 아버지의 영광으로 거룩한 천사들과 함께 올 때에 그 사람을 부끄러워하리라"(막 8:38). "그때에 인자(the Son of Man)가 구름을 타고 큰 권능과 영광으로 오는 것을 사람들이 보리라 또 그때에 그가 천사들을 보내어 자기가 택하신 자들을 땅 끝으로부터 하늘 끝까지 사방에서 모으리라"(막 13:26-27).

이런 말은 제자들이 이해할 만하다. 하나님의 백성을 하나님 나라로 모으시려고 권능과 큰 영광의 구름을 타고 임하시는 천상적인 존재, 이것이 그들이 이해하고 있던 개념이기 때문이다. 그러나 이런 천상적인 존재가 예수와 무슨 관계가 있는가? 인자는 하나님 면전에 계시는 선재적(先在的)인 존재가 아닌가? 그러나 예수는 나사렛의 목수가 아닌가? 그가 인자와 통하는 데가 어디 있단 말인가? 그리고 다윗계의 왕과 공유하는 것이 하나라도 있는가?

그러나 이것이 전부가 아니다. 구약에는 메시아 개념을 전달하는 제3의 인물이 있으니, 그는 고난받는 여호와의 종(the Suffering Servant)이다. 그는 이사야 53장에 묘사되어 있다. 그는 온유하고 겸손하고 수동적이다. "그가 곤욕을 당하여 괴로울 때에도 그의 입을 열지 아니하였음이여 마치 도수장으로 끌려가는 어린양과 털 깎는 자 앞에서 잠잠한 양같이 그의 입을 열지 아니하였도다." 그는 압제를 받고 수난을 당하신다. "그는…고운 모양도 없고 풍

채도 없은즉 우리가 보기에 흠모할 만한 아름다운 것이 없도다 그는 멸시를 받아 사람들에게 버림받았으며 간고를 많이 겪었으며 질고를 아는 자라." 그는 결국 죽기에 이르렀다. "그가 살아 있는 자들의 땅에서 끊어짐은 마땅히 형벌 받을 내 백성의 허물 때문이라…그의 무덤이 악인들과 함께 있었으며." 그러나 그는 부당하게 고난을 당했고, 다른 사람을 위해 고난을 당했다. 그는 그의 백성의 죄를 위해 수난당했다. "그가 찔림은 우리의 허물 때문이요 그가 상함은 우리의 죄악 때문이라 그가 징계를 받으므로 우리는 평화를 누리고 그가 채찍에 맞으므로 우리는 나음을 받았도다." "여호와께서는 우리 모두의 죄악을 그에게 담당시키셨도다." "그가 살아 있는 자들의 땅에서 끊어짐은…내 백성의 허물 때문이라." "그가…많은 사람을 의롭게 하며 또 그들의 죄악을 친히 담당하리로다." "그가 많은 사람의 죄를 담당하며 범죄자를 위하여 기도하였느니라."

이 위대한 장에서 주목해야 할 점은 무엇보다도 이 고난받는 종이 메시아로 언급되지 않았다는 것이다. 그는 기름 부음 받은 자로 불리지 않았으며 다윗가에 대한 언급도 없다. 사실 이 장의 전주 부분에서(사 52:13) 단지 '하나님의 종'(개역개정역에는 '내 종'으로 번역되었다. - 역주)으로만 불렸을 뿐이다. "보라 내 종이 형통하리니 받들어 높이 들려서 지극히 존귀하게 되리라." 이 이사야 53장이 속해 있는 일련의 부분에서 그 종은 때때로 이스라엘과 동일시된다. "너는 나의 종이요 내 영광을 네 속에 나타낼 이스라엘이라"(사 49:3). "여호와께서 그의 종 야곱을 구속하셨다"(사 48:20). "내가 나의 종 야곱, 내가 택한 자 이스라엘을 위하여 네 이름을 불러"(사 45:4). 또한 그 종은 신실하지 못한 이스라엘을 구속하시는 분이다. "이제 여호와께서 말씀하시나니 그는 태에서부터 나를 그의 종으로 지으신 이시요 야곱을 그에게로 돌아오게 하시는 이시니"(사 49:5; 49:6을 보라). 그러므로 이 여호와의 종은 이스라엘이라는 집합적 개념과 이스라엘을 구속하시는 개인 사이를 오가는 개념인 것으로 보인다.

그러나 아직도 문제는 남아 있다. 이사야 53장의 고난받는 종은 다윗가의 메시아적 왕이나 천상적 인자가 아닌 다른 인물로 보인다는 것이다. 어떻게 메시아가 그 입의 막대기로 세상을 치며, 그 입술의 기운으로 악인을 죽이시면서, 동시에 또 한편으로는 무기력하고 수동적으로 수난을 당하는 자가 될 수 있다는 말인가? 구약의 세 가지 메시아 개념을 모두 포괄하고 조정하는 것이 바로 예수님의 사명인 것이다.

그러므로 제자들이 예수님의 메시아 되심을 파악함에 있어서 늦었다고 해도 별로 놀라울 것이 없다. 오히려 가이사랴 빌립보에서 베드로가 모든 제자들을 대신하여 예수님의 메시아 되심을 인정한 그 고백의 가치가 여기에 있는 것이다. 베드로는, 예수님께서 정복하는 다윗가의 왕처럼 행하지 않으셨어도 분명히 구약의 희망을 성취하실 메시아임을 고백한 것이다. 오병이어의 표적 후에도, 예수님을 붙잡아 억지로 왕으로 삼으려는 대중적인 운동이 일어났다(요 6:15). 사실 그는 신적인 능력을 받은 사람이었다. 그에게 몇 자루의 창과 칼만 주면, 그는 그것으로 대군이라도 무장시킬 수 있는 분이다. 빌라도의 군대가 능히 당할 수 없는 분이다. 그러나 이것은 예수님의 현재 사역의 목적이 아니었다. 인자로서 그는 고난받는 종이 되어야만 했다. 이 고난의 사역을 감당한 후에라야, 그는 천상적 인자가 될 것이기 때문이다.

예수님께서는 가이사랴 빌립보에서 곧바로 이 사실을 가르치기 시작하셨다. 그가 참된 메시아요 다윗가의 왕이지만, 지금은 다윗의 보좌에 앉아 다스리는 것이 그의 사역이 아니라는 것이다. "제자들을 가르치시며 또 인자가 사람들의 손에 넘겨져 죽임을 당하고 죽은 지 삼 일만에 살아나리라는 것을 말씀하셨기 때문이더라"(막 9:31). "인자가 온 것은 섬김을 받으려 함이 아니라 도리어 섬기려 하고 자기 목숨을 많은 사람의 대속물로 주려 함이니라"(막 10:45). 여기에 제자들이 미처 감당할 준비를 갖추지 못한 말씀이 있다. 예수님 당시의 유대인들이 이사야 53장을 메시아적으로 해석했다는 증거는 하나도 없다. 사실 이 두 개념(메시아 개념과 수난받는 종의 개념 - 역주)은 서로 배타적인 것처럼 보인다. 천상적이고 초자연적인 인자, 하나님의 영광의 왕국을 다스리기로 되어 있는 그가 어떻게 낮고 비천한 사람이 되어서 끌려

다니고 고문당하며, 결국엔 원수들에 인해 죽음에 넘겨질 수 있단 말인가? 그것은 불가능한 것처럼 보였던 것이다.

그러나 바로 여기에 우리의 기본적인 해석이 있다. 예수님 자신과 그를 따른 사도들은 구약 예언들을 예수님의 인격과 사명의 빛에서 재해석했던 것이다. 즉, 인자는 영광으로 임하시기 전에 먼저 땅에 오셔야만 하며 그때 그의 지상 사역은 고난받는 종의 역할을 수행하는 것이었다고 말이다.

이런 재해석은 예수님의 가르침에만 한정된 것은 아니다. 동일하게 사도들에 의해서도 생각지도 못했던 방식으로 확대된 해석이다. 예수님께서 죽으신 후 제자들은 그의 부활과 승천, 그리고 오순절 사건을 체험했다. 그리고 오순절에 베드로는 아주 놀라운 설교를 했다. 여기서 그는 구약의 문맥에서 죽음이 실존의 끝이 아니라고 하는 다윗 자신의 소망을 말하는 시편 16:8-11과 132:11을 재해석한 것이다.

> 그는 선지자라 하나님이 이미 맹세하사 그 자손 중에서 한 사람을 그 위에 앉게 하리라 하심을 알고 미리 본 고로 그리스도의 부활을 말하되 그가 음부에 버림이 되지 않고 그의 육신이 썩음을 당하지 아니하시리라 하더니 이 예수를 하나님이 살리신지라 우리가 다 이 일에 증인이로다 하나님이 오른손으로 예수를 높이시매 그가 약속하신 성령을 아버지께 받아서 너희가 보고 듣는 이것을 부어 주셨느니라 다윗

은 하늘에 올라가지 못하였으나 친히 말하여 이르되 주께서 내 주에게 말씀하시기를 내가 네 원수로 네 발등상이 되게 하기까지 너는 내 우편에 앉아 있으라 하셨도다 하였으니 그런즉 이스라엘 온 집은 확실히 알지니 너희가 십자가에 못 박은 이 예수를 하나님이 주와 그리스도가 되게 하셨느니라 하니라(행 2:30-36).

여기에는 구약의 예언에 대한 상당한 양의 재해석이 나타나고 있다.

"여호와께서 내 주에게 말씀하시기를 내가 네 원수들로 네 발판이 되게 하기까지 너는 내 오른쪽에 앉아 있으라 하셨도다"라는 시편 110:1의 약속은 예루살렘에 있는 왕의 보좌를 지칭하는 것으로, 이는 "여호와께서 시온에서부터 주의 권능의 규를 내보내시리니 주는 원수들 중에서 다스리소서"라는 2절의 말씀에서 분명해진다. 베드로는 영감으로 다윗의 보좌를 예루살렘에 있는 지상의 장소로부터 천상으로 옮긴 것이다. 그래서 이 구절은 히브리서 기자가 예수님께서 승리하셔서 하늘 하나님 우편에 앉으심을 확언할 때에 이용하는 구절이 되었다(히 1:13; 10:12-13).

"하나님이 주와 그리스도가 되게 하셨느니라"(행 2:36)라는 베드로의 요약적인 확언도 같은 진리를 말한다. '주'는 절대적 주권을 의미하고, '그리스도'는 메시아, 또는 다윗가의 왕을 의미한다. 부활과 승천으로써 예수님께서는 메시아적 통치에 들어가신 것이다. "그가 모든 원수를 그 발아래에 둘 때까지 반드시 왕 노릇 하시리니"(고전 15:25). "이기는 그에게는 내가 내 보좌에 함께 앉게 하여 주기를 내가 이기고 아버지 보좌에 함께 앉은 것과 같이 하리라"(계 3:21). '주'와 '왕'이 근본적으로 서로 바꾸어 쓸 수 있는 용어라는 것은, 정복하는 어린양에 대해서 "만주의 주시요 만왕의 왕"이라고 언급하는 요한계시록 17:14에서 분명해진다. 부활과 승천으로, 예수님께서는 메시아 됨의 새로운 경험의 영역으로 들어가셨다. 그는 이 땅에서는 온순하고 겸손한 고난받는 종이었다. 그러나 이제는 하나님의 우편으로 높이 올려지신 것이다. 이제는 메시아적 고난은 지나갔고 메시아적 통치에 들어서신 것이며, 모든 원수들을 발아래 두실 때까지 반드시 왕 노릇 하실 것이다(고전 15:25). 구약에서는 이런 메시아적 통치의 성격을 찾아볼 수 없다. 구약에서는 메시아적 통치가 이스라엘을 예루살렘에서 다스리시는 것을 의미한다. "여호와께서 다윗에게 성실히 맹세하셨으니 변하지 아니하실지라 이르시기를 네 몸의 소생을 네 왕위에 둘지라"(시 132:11). 그러나 신약에서는 그가 하늘에서 온 우주를 다스리시는 것을 의미한다.

이러한 기독론에 대한 탐구는 우리가 밝혀내고자 하는 점, 즉 구약의 예언은 예수님의 인격과 사역에서 성취된 그 빛에서 해석되어야만 한다는 것을 분명히 해 주었다. 이것을 통해 재해석이 필요하다는 것도 보았다. 때로는 우리가 구약에서 기대했던 것과는 다른 성취도 있다.

다시 말하면, 그것이 기독론이든지 종말론이든지, 모든 교의의 최후 언급은 신약 성경에서 찾아야만 한다.

THE LAST THINGS:
AN ESCHATOLOGY FOR LAYMEN

02

이스라엘은 어떻게 될 것인가

1장에서 우리는 성경 해석학의 원칙을 수립했다. 즉, 구약은 예수 그리스도를 통해 주어진 새로운 계시의 빛으로 해석되어야만 한다. 그러면 신약은 이스라엘에 관해서는 무엇을 가르치는가? 구약이 이스라엘의 미래 구원을 바라본다면, 신약은 이 예언들이 교회에서 영적으로 성취되었다고 근본적인 재해석을 하는가? 교회는 새롭고 참된 이스라엘인가? 아니면, 하나님께서는 계속해서 그분의 백성 이스라엘을 위한 미래 계획을 가지고 계신가?

다행스럽게도 우리는 성령의 감동으로 된 성경인 로마서 9-11장에서 이 주제에 관한 긴 논의를 찾아볼 수 있다. 바울은 먼저 육체를 따라 그의 골육인 이들에 대한 깊은 관심과 사랑을 표현한다. 그는 이렇게 말한다. "나에게 (이스라엘을 위한) 큰 근심이 있는 것과 마음에 그치지 않는 고통이 있는 것을 내 양심이…증언하노니"(롬 9:1-2). 그 이유는 이스라엘이 예수님을 그들의 메시아로 받아들이지 않았기 때문이다.

바울의 첫째 요지는 '이스라엘', 즉 하나님의 백성인 참된 영적 이스라엘은 아브라함의 육체적 후손과 동일하지 않다는 것이다. "이스라엘에게서 난 그들(자연적 후손)이 다 이스라엘(영적 후손)이 아니요 또한 아브라함의 씨가 다 그의 자녀가 아니라"(롬 9:6-7). 바울은 이를 증명하기 위해서 구약 역사를 인용한다. 아브라함에게는 이삭과 이스마엘 두 아들이 있었다. 그러나 이스마엘과 그의 후손들은 아브라함의 자연적 후손이기는 하지만, 영적 후손에는 포함되지 않는다. "오직 이삭으로부터 난 자라야 네 씨라 불리리라"(롬 9:7). "곧 육신의 자녀가 하나님의 자녀가 아니요 오직 약속의 자녀가 씨로 여기심을 받느니라"(롬 9:8). 하나님께서는 이삭을 택하시고 이스마엘을 버리신 것이다. 그러므로 참이스라엘, 아브라함의 참된 자손은 자연적 육체의 후손이라는 점으로 규정되는 것이 아니라, 하나님의 선택과 약속에 의해 되는 것이다.

이것이 의미하는 바는 분명하다. 바울 시대의 모든 유대인들이 자신을 '이스라엘', 즉 하나님의 백성이라고 부를 수 있는 것이 아니고, 아브라함의 신앙을 본받아 자신이 약속의 자녀임을 나타내는 사람들만이 그렇게 할 수 있다는 것이다.

이런 원칙은 이미 로마서 앞부분에서 나타난 바 있다. 로마서

2:28-29에서 바울은 이렇게 썼다. "무릇 표면적 유대인이 유대인이 아니요 표면적 육신의 할례가 할례가 아니니라 오직 이면적 유대인이 유대인이며 할례는 마음에 할지니 영에 있고 율법 조문에 있지 아니한 것이라 그 칭찬이 사람에게서가 아니요 다만 하나님에게서니라."

그러나 이 육체적 할례와 영적 할례의 원칙은 바울이 처음으로 말한 것이 아니다. 그는 이미 구약에서 지적한 주제를 반복하고 있는 것이다. "너희는 스스로 할례를 행하여 너희 마음 가죽을 베고 나 여호와께 속하라 그리하지 아니하면 너희 악행으로 말미암아 나의 분노가 불같이 일어나 사르리니 그것을 끌 자가 없으리라"(렘 4:4). 모세 율법에 대한 외적 순종이 하나님의 은총을 받는 참아브라함의 자손을 만드는 것은 분명히 아니다. 여기에는 순종에 부합하는 마음, 그리고 그런 생활이 있어야만 한다. 그렇지 않으면 하나님의 진노를 받게 될 것이다.

이 원칙은 요한계시록의 두 구절에도 적용된다. "자칭 유대인이라 하는 자들의 비방도 알거니와 실상은 유대인이 아니요 사탄의 회당이라"(계 2:9; 참조, 3:9)라고 요한은 말한다. 여기에 자신을 유대인이라고 정당하게 주장하는 자들이 있다. 사실 그들은 육체적, 종교적으로는 유대인이지만, 요한은 말하기를, 그들이 영적으로는 유대인이 아니요, 실상은 사탄의 회당이라고 말한다. 왜냐하면 그들은 예수님을 메시아로 받아들이지 않고 예수님의 제자들을 핍박하기 때문이다.

이 원칙을 천명한 후에, 바울은 만일 그렇다면 그것은 하나님의 자의적(恣意的) 행동의 반영이 아니냐는 반론을 듣게 된다. 이에 대해 바울은 아주 강력한 어조로 반박한다. 하나님은 하나님이시다. 그분은 인간의 창조자이시다. 그러니 그 피조물을 그분이 원하는 대로 할 수 있는 권리를 가지신 것이다. "이 사람아 네가 누구이기에 감히 하나님께 반문하느냐 지음을 받은 물건이 지은 자에게 어찌 나를 이같이 만들었느냐 말하겠느냐 토기장이가 진흙 한 덩이로 하나는 귀히 쓸 그릇을, 하나는 천히 쓸 그릇을 만들 권한이 없느냐"(롬 9:20-21). 이 구절은 흔히 개인 구원에 관한 하나님의 선택과 유기라는 말로 해석된다. 그러나 개인에게 적용될 수 있을지는 모르지만, 여기서 바울의 사상은 주로 구속사와, 아브라함에게 주셨던 약속의 상속자로 하나님께서 야곱을 선택하신 것에 관한 것이다. 하나님께서는 문자적 이스라엘의 반역과 배교를 오랫동안 인내하셨다. 이는 "또한 영광받기로 예비하신바 긍휼의 그릇에 대하여 그 영광의 풍성함을 알게 하고자" 하신 것이다(롬 9:23). 말하자면 하나님께서는 문자적 이스라엘의 불신앙을 참으시고, 이로써 참이스라엘에게 긍휼을 베푸신 것이다. 그래서 바울은 이 부분의 마지막에 가서 다시 이 개념을 지적한다. "그러므로 내가 말하노니 그들이 넘어지기까지 (궁극적으로 다시 돌이킬 수 없을 정도로) 실족하였느냐 그럴 수 없느니라 그들이 넘어짐으로 구원이 이방인에게 이르러 이스라엘로 시기 나게 함이니라"(롬 11:11). 하나님께서는 이스라엘의 넘어짐과 불신앙을 계획하셨다. 그것은 하나님의 조급함도 아니고, 이스라엘의 실족이 궁극적 목적이어서가 아니라, 하나님께서는 이스라엘의 실족을 이방인의 구원을 가져오게 하는 데 사용하신 것이다.

바울은 처음부터 이 말을 하려 한 것이다. "영광받기로 예비하신바 긍휼의 그릇"(롬 9:23)은 유대인뿐 아니라 이방인 중에도 있는 것이다(롬 9:24). 하나님께서 진노의 그릇들 즉 하나님 심판 아래 있는 불신 유대인들 대신해서 택하신 '긍휼의 그릇'은 유대인과 이방인이 혼합된 집단이다. 이 말을 한 후에 바울은 놀라운 일을 한다. 구약 문맥에서는 이스라엘을 지시하는 호세아서의 두 구절을 인용해서, 주로 이방인들로 구성된 기독교회에 적용한 것이다. 그것도 구약이 이방 교회를 바라보고 있다는 것을 증명하기 위해서 말이다. "호세아의 글에도 이르기를 내가 내 백성 아닌 자를 내 백성이라, 사랑하지 아니한 자를 사랑한 자라 부르리라"(롬 9:25).

호세아는 이스라엘의 영적 간음을 상징하는 창녀를 아내로 삼으라는 여호와의 명령을 받았다. 그리하여 낳은 둘째아이가 딸이었는데, 하나님께서는 그에게 "그의 이름을 로루하마(긍휼히 여김을 받지 못하는 자)라 하라 내가 다시는 이스라엘 족속을 긍휼히 여겨서 용서하지 않을 것임이니라"(호 1:6)라고 하셨다.

2. 이스라엘은 어떻게 될 것인가 **33**

그러나 이것으로 이스라엘이 돌이킬 수 없게 최종적으로 거부당한 것은 아니다. 왜냐하면 호세아는 하나님 나라에서의 이스라엘의 미래 구원을 확언하기 때문이다. 호세아는 동물계에서 강포가 사라질 날을 바라본다. 그날에 하나님께서는 들짐승과 공중의 새와 땅의 기는 것들과 더불어 언약을 세우실 것이다. 그뿐 아니라, 활과 칼 같은 강포와 전쟁 무기를 없애시고, 사실 전쟁조차도 없이하실 것이다. 그러면 이스라엘은 그 땅에 평안히 거할 것이고, 편안히 누울 것이다. 하나님은 이렇게 말씀하셨다. "내가 네게 장가들어 영원히 살되 공의와 정의와 은총과 긍휼히 여김으로 네게 장가들며"(호 2:19). "내가…긍휼히 여김을 받지 못하였던 자를 긍휼히 여기며 내 백성 아니었던 자에게 향하여 이르기를 너는 내 백성이라 하리니 그들은 이르기를 주는 내 하나님이시라 하리라"(호 2:23).

여기서 우리는 기독론에 대해 살피면서 발견한 것과 같은 현상을 종말론의 영역에서 보게 된다. 즉, 구약의 개념들이 근본적으로 재해석되고 예상하지 못했던 적용이 수행되고 있다. 구약에서는 문자적 이스라엘에게 적용한 것을 신약에서는 유대인들뿐 아니라 이방인도 포함되어 있는 교회에 적용한다(롬 9:24-25). 사실, 신약 교회의 주도적인 집단은 이방인들이다.

또 바울은 호세아서를 인용해서 말한다. "너희는 내 백성이 아니라 한 그곳에서 그들이 살아 계신 하나님의 아들이라 일컬음을 받으리라 함과 같으니라"(롬 9:26). 호세아는 세 번째 아들을 얻었을 때 다음과 같은 말씀을 들었다. "여호와께서 이르시되 그의 이름을 로암미(내 백성이 아니라)라 하라 너희는 내 백성이 아니요 나는 너희 하나님이 되지 아니할 것임이니라"(호 1:9).

그러나 이번에도 호세아는 곧 이어서 이스라엘의 미래 구원을 선언한다. "그러나 이스라엘 자손의 수가 바닷가의 모래같이 되어서 헤아릴 수도 없고 셀 수도 없을 것이며 전에 그들에게 이르기를 너희는 내 백성이 아니라 한 그곳에서 그들에게 이르기를 너희는 살아 계신 하나님의 아들들이라 할 것이라"(호 1:10).

구약 문맥에서는 문자적 이스라엘을 지칭하는 이 호세아서의 예언들이 신약에서는 (이방) 교회에 적용되었다. 환언하면, 바울은 호세아 1:10과 2:23의 영적 성취를 교회에서 본 것이다. 이것은 이방 교회의 구원이 이스라엘에게 준 예언의 성취라는 결론을 불가피하게 한다. 이와 같은 사실들 때문에 필자를 비롯한 성경학도들은 교회가 새 이스라엘이요, 참이스라엘이며, 영적인 이스라엘이라고 말하는 것이다.

이 결론은 바울이 기독 신자들을 아브라함의 (영적) 자손이라고 말한 구절에서 확증된다. "그(아브라함)가 할례의 표를 받은 것은 무할례 시에 믿음으로 된 의를 인친 것이니 이는 무할례자로서 믿는 모든 자의 조상이 되어 그들도 의로 여기심을 얻게 하려 하심이라 또한 할례자의 조상이 되었나니 곧 할례 받을 자에게

뿐 아니라 우리 조상 아브라함이 무할례시에 가졌던 믿음의 자취를 따르는 자들에게도 그러하니라"(롬 4:11-12). 여기서 아브라함은 믿는 유대인들과 이방인들의 조상이라고 언급되었다. 그러므로 다음과 같은 결론이 불가피하게 된다. 참된 아브라함의 자손은 그가 유대인이든 아니든, 그것에 상관없이 오직 믿는 자를 뜻한다. 그런 사람만이 참된 영적 이스라엘인 것이다. 우리는 여기서 참된 유대인은 내면적 할례를 행한 자들이라는 로마서 2:28-29을 다시 상기하게 된다.

바울은 로마서 4:16에서 다시 반복해서 "아브라함은 우리 모든 사람의 조상이라"고 말한다. 갈라디아서를 쓰면서도 이 진리를 가르쳤다: "그런즉 믿음으로 말미암은 자들은 아브라함의 자손인 줄 알지어다"(갈 3:7).

세대주의자들은 이런 '영적'(spiritualizing) 해석이 구약을 해석하는 가장 위험스러운 방법이라고 한다. 존 왈부르드(John Walvoord) 교수는, 이것이 현대 로마 가톨릭과 현대의 자유주의, 그리고 현대의 비세대주의적 보수주의 학자들을 특징짓는 것이라고 말한 바 있다(*The Millennial Kingdom*, Durham 1959, 71). 그러나 필자는 신약 성경이 문자적 이스라엘에 대한 구약의 약속을 영적 교회에 적용하고 있으므로 이러한 영적 해석을 해야 한다고 느낀다. 이는 필자가 어떤 언약 신학에 붙잡혀서가 아니라, 하나님의 말씀에 따라야 하기 때문이다.

그렇게 교회가 참된 영적 이스라엘이라면, 하나님께서는 자기 백성(문자적 이스라엘)을 버리셨는가?(롬 11:1) 바울은 여기에 대해 길게 대답한다. 그는 로마서 11:15에서 그들의 미래 구원을 시사한다. "그들(문자적 이스라엘)을 버리는 것이 세상의 화목이 되거든(이방인들의 구원) 그 받아들이는 것이 죽은 자 가운데서 살아나는 것이 아니면 무엇이리요."

계속해서 바울은 이것을 유명한 감람나무 은유로써 예증한다. 감람나무는 전체가 다 하나님의 백성이다. 그런데 원가지(유대인)는 원나무에서 잘렸고 돌감람나무 가지(이방인들)가 참감람나무에 접붙여졌다. 누가 돌감람나무를 참감람나무에 접붙이랴? 바울도 이를 의식하고, 이것은 '본성을 거슬러' 된 일이라고 말한다(롬 11:24). 그래서 바울은 이스라엘을 대신하게 된 이방인들이 자랑할 수 없다고 한다. 하나님께서는 그들도 꺾어 버리실 수 있기 때문이다. 또 그와 같이 "그들(유대인들)도 믿지 아니하는 데 머무르지 아니하면 접붙임을 받으리니 이는 그들을 접붙이실 능력이 하나님께 있음이라 네가 원돌감람나무에서 찍힘을 받고 본성을 거슬러 좋은 감람나무에 접붙임을 받았으니 원가지인 이 사람들이야 얼마나 더 자기 감람나무에 접붙이심을 받으랴"(롬 11:23-24)라고 말한다.

이 말을 한 후 바울은 아주 중요한 진술을 함으로써 이 상황을 요약한다. "형제들아 너희가 스스로 지혜 있다 하면서 이 신비를 너희가 모르기를 내가 원하지 아니하노니 이 신비는 이방인의 충만한 수가 들어오기까지 이스라엘의 더러는 우둔하게 된 것이라 그리하여 온 이스라엘이 구원을 받으리라 기록된바 구원자가 시온에서 오사 야곱에게서 경건하지 않은 것을 돌이키시겠고 내가 그들의 죄를 없이할 때에 그들에게 이루어질 내 언약이 이것이라 함과 같으니라"(롬 11:25-27).

여기에 구속사에 대한 하나님의 순서가 있다. 참감람나무의 원 가지가 있었으나 그들이 불신앙으로 인해 잘리고 돌감람나무가 본성을 거슬러 접붙임을 받고, 후에 원감람나무 가지가 다시 접붙임을 받는다. 이스라엘은 부딪칠 바위(그리스도)에 부딪쳐 실족 했으나, 넘어지기까지 실족한 것은 아니다(롬 11:11). 그러나 바울이 "온 이스라엘이 구원을 받으리라"라고 할 때, 지금까지 살아온 모든 유대인이 그러리라는 것이 아님은 명백하다. 바울은 지금 구속사를 말하고 있는 것이다. 언젠가 '온 이스라엘', 즉 살아 있는 유대인들의 대다수가 구원을 얻을 날이 온다는 것이다.

바울이 이스라엘이 구원 얻는 방식에 관해 좀 더 많이 썼더라면 하고 바랄 수도 있다. 그러나 "구원자가 시온에서 오사"라는 말은 그리스도의 재림을 가리키는 것이다. 그의 재림 목적에는 교회를 자신의 것으로 취하시는 것뿐 아니라, 이스라엘을 구속하시는 것도 포함될 것이다.

그러나 이스라엘도 교회와 동일한 방식으로, 즉 예수를 자신의 메시아로 믿는 데로 돌아와서야(롬 11:23) 구원을 받을 것이며, 이스라엘이 경험하게 될 축복도 교회가 얻게 될 것과 동일한, 그리스도 안에서의 축복일 것이다.

그렇다면 구약에서 회복된 성전에 관해 상세히 예언한 약속은 무엇이 되는가? "율법은 장차 올 좋은 일의 그림자일 뿐이요…"(히 10:1)라고 말하는 히브리서는 이 질문에 대해 명백한 대답을 하고 있다. 성전과 희생 제사 제도를 포함한 율법은 그리스도를 통해 우리에게 임한 축복(실재[the reality])의 그림자에 불과한 것이다. 그림자는 그 소임을 다했다. 이제는 그리스도께서 하늘에 있는 참성전에 오르셔서 우리의 대제사장으로 계신다. 그러므로 하나님의 구속 계획이 다시 그림자의 시대로 돌아갈 수는 없다.

히브리서는 단호하게 이것을 확언한다. "그러나 이제 그는 더 아름다운 직분을 얻으셨으니 그는 더 좋은 약속으로 세우신 더 좋은 언약의 중보자시라 저 첫 언약이 무흠하였더라면 둘째 것을 요구할 일이 없었으려니와"(히 8:6-7). 강조되어야 할 것은 히브리서가 그리스도 안에 있는 새 언약과 모세 언약을 대비시키고 있다는 점이다. 만일 모세 언약이 적절했다면, 둘째 언약이 있을 필요가 없었으리라는 것이다.

히브리서는 이것을 증명하기 위해서 예레미야 31:31-34에서 긴 인용을 하고 있다.

여호와의 말씀이니라 보라 날이 이르리니
내가 이스라엘 집과 유다 집에 새 언약을 맺으리라…
그날 후에 내가 이스라엘 집과 맺을 언약은 이러하니
곧 내가 나의 법을 그들의 속에 두며
그들의 마음에 기록하여
나는 그들의 하나님이 되고
그들은 내 백성이 될 것이라…
내가 그들의 악행을 사하고
다시는 그 죄를 기억하지 아니하리라.

여기서 우리는 다시 한 번 앞에서 만난 것과 동일한 상황을 보게 된다. 즉, 여기에 두 개의 서로 다른 언약이 있음을 찾기 어렵다는 점이다. 세대주의자들이 주장하는 것처럼, 그리스도의 피 흘림으로 인하여 교회와 맺으신 언약과 모세 언약의 갱신으로서 이스라엘과 맺게 되실 또 하나의 미래 새 언약이 나뉘지 않는다. 분명히 우리는 로마서 9-11장에서 바울이 문자적 이스라엘이 새 언약으로 들어올 것임을 가르치는 내용을 보았다. 그러나 그 새 언약은 그리스도께서 교회에 세우신 언약 바로 그것이며, 다른 언약이 아닌 것이다. 히브리서 8장은 예레미야를 통해 하신 약속을 그리스도께서 교회와 맺으신 새 언약에 적용하고 있다.

이것이 둘째 구절에서는 더 분명하다. 히브리서 10:11-17은 죄를 위해 그리스도께서 십자가에서 희생되셨으며, 결국은 하나님 우편에 앉으셨음을 말한다. "그 후에 자기 원수들을 자기 발등상이 되게 하실 때까지 기다리시나니 그가 거룩하게 된 자들을 한 번의 제사로 영원히 온전하게 하셨느니라"(히 10:13-14). 이런 말씀들은 히브리서가 그리스도께서 교회와 언약 맺으신 것을 말하고 있는 것임을 분명히 알게 한다. 이후에 히브리서는 다시 한 번 예레미야 31장을 인용한다.

> 주께서 이르시되 그날 후로는 그들과 맺을 언약이 이것이라 하시고 내 법을 그들의 마음에 두고 그들의 생각에 기록하리라 하신 후에 또 그들의 죄와 그들의 불법을 내가 다시 기억하지 아니하리라 하셨으니 (히 10:16-18).

예레미야 31장의 새 언약이 그리스도께서 그의 교회와 맺으신 새 언약임을 어떻게 부인할 수 있을지는 알기 어렵다.

우리가 방금 히브리서에서 인용한 구절은, 한 번 사죄가 있고 나면 더 이상 속죄제가 필요 없다고 말한다. 그리스도께서 행하신 사죄는 모세가 세운 제도를 약화시키고 무효화한다는 것이다. 히브리서는 8:13에서도 같은 진리를 말한다. "새 언약이라 말씀하셨으매 첫 것은 낡아지게 하신 것이니 낡아지고 쇠하는 것은 없어져 가는 것이니라." 이 말씀이 주후 70년 로마인들에 의해 수행된 예루살렘의 역사적 멸망을 의미하는 것인지 아닌지 하는 문제는 별도로 하고, 적어도 이 말씀은 구속 실재라는 새로운 질서가 왔으므로 옛 모세 제도가 파기되었음을 확언하는 것이다.

우리는 여기서 다시 한 번 성전과 희생제 제도를 포함한 모세 언약의 항구성을 말하는 구약 예언에 대한 근본적인 재해석을 보게 된다. 히브리서의 논의는 구약 제도가 그리스도 안에서 이루어질 영적 실재를 지시하는 모형과 그림자라는 것이다. 그러므로 모형과 그림자가 그 목적을 다하면 하나님의 구속 프로그램에서 폐기되는 것은 당연하다.

이것은 현재의 이스라엘에 대한 논의와 무슨 관계가 있는가? 세 가지 관계가 있다. 첫째로, 하나님께서는 당신의 백성을 보존하셨다. 이스라엘은 신적 목적을 위해 구별되고, 그 사명을 수행할 '거룩한' 백성으로 남아 있다(롬 11:16). 둘째로, 아직 모든 이스라엘은 구원받지 않았다. 그러나 천년왕국 때에는 처음으로 참된 기독교 국가로서 나타날 것이라고 말하는 현대의 학자가 있다(세대주의자들을 의미한다. - 역주). 셋째로, 이스라엘의 구원은 그리스도의 보혈로 이미 교회와 세우신 새 언약을 통해 이루어진다. 다시 말해서, 모세적 희생제 제도의 부활을 통한 유대교 성전의 재건을 통해서 되는 것이 아니다. 히브리서는 명백하게 확언하기를, 모든 모세 제도가 폐기되었고 지나갔다고 한다. 그러므로 인기 있는 세대주의의 입장인 이스라엘의 회복이 '예언의 징표'(clock of prophecy)라는 것은 잘못된 것이다. 물론 오늘날 이스라엘이 팔레스타인에 들어온 것은 이스라엘에 대한 하나님의 경륜일 수 있다. 그러나 신약은 이 문제에 대해 아무런 빛도 비춰 주지 않는다. 그렇지만 여러 세대를 통해 이스라엘을 한 백성으로 보존하신 것은 하나님께서 그분의 백성 이스라엘을 버리시지 않은 표적이다.

THE LAST THINGS:
AN ESCHATOLOGY FOR LAYMEN

03

중간 상태

저 강 건너 한 땅 있네
영원히 아름다운 곳!
신앙의 경륜으로만 우린 갈 수 있네
한 사람, 한 사람, 우리가 그곳에 이르면
영원히 그곳에 머물 것이네
너와 나를 위해 황금 종이 울릴 때!

이 옛 찬양은 많은 그리스도인들이 사후의 삶에 관한 개념을 가지고 있음을 표현해 준다. 그들은 "우리는 죽으면 천당에 갈 것이다."라고 말한다. 천국에 대한 일반적인 개념은 그곳이 신앙의 사람이 죽어 사망의 강을 건넌 후에 다다를 지복(至福)의 상태―

영원히 아름다운 곳―라는 것이다. 육체와 분리된 상태이므로, 그곳에서는 '불멸의 영혼들과 함께 거주할' 것이다.

그러나 이것이 인기 있고 대중적인 개념이기는 하지만 그것은 성경 신학이라기보다는 희랍 사상의 표현일 뿐이다. 대개 플라톤의 철학적 전통을 따르는 희랍인들은 대개 우주적 이원론을 믿고 있었다. 그들에 의하면, 두 세계가 있다. 다시 말하면, 보이는 세계와 보이지 않는 세계, 가시적 세계와 불가시적 세계, 현상계와 이상계이다. 보이는 세계는 유전(流轉)하고 변하며 안정되지 않고, 실재의 외면만을 가진 세계일 뿐이다. 반면에 보이지 않는 세계는 영원한 세계이며, 궁극적 실재의 세계이다. 이와 같이 인간도 몸과 영혼의 이원 구조로 되어 있다고 본다. 몸은 현상계에 속해 있고, 영혼은 이상계에 속해 있다는 것이다. 몸은, 후의 영지주의에서처럼 악 자체는 아니지만, 영혼에 짐이 되고 장애가 된다. '소마 세마'(Soma-sema, σῶμα-σῆμα), 즉 몸은 영혼의 무덤이다. 또한 현자는 단련한 사람이며, 몸의 정욕과 욕심을 복종시키며, 영혼과 그 최고의 기능인 마음을 개발한 사람이라고 한다. 그러므로 '구원'은 죽어서 사람이 몸에서 해방되어 이상계로 가는 것이 된다.

세상과 사람에 대한 성경의 개념은 이와는 전혀 다른 것이다. 구약의 근본적인 사상은 하나님이 창조자이시고 세상은 그의 피조물이므로 선하다는 믿음이다. "하나님이 지으신 그 모든 것을 보시니 보시기에 심히 좋았더라"(창 1:12, 18, 21, 25, 31). 세상은 하나님의 영광을 위해 창조되었다(시 19:1). 창조의 궁극적 목표와 목적은 창조주를 영화롭게 하며 찬양하는 것이다(시 98:7-9). 히브리인들에게는 자연이라는 개념이 없다. 그들에게 세상은 하나님의 끊임없는 활동 무대이다. 뇌성은 하나님의 음성이며(시 29:3-5), 역병은 여호와의 엄중한 손이고(삼상 5:6), 사람의 호흡은 하나님께서 그 코에 불어넣으신 기운이다(창 2:7; 시 104:29).

구약은 결코 이 땅을 낯선 곳으로, 천상을 찾아가기 위해 잠시 동안 머무는 인생의 무대로 보지 않는다. 사람과 이 세상은 모두 창조의 질서에 속한 것으로, 그 말 뜻 그대로 세상은 사람의 운명에 참여한다(participate). 구약에는 육적인 생명과 영적 생명, 사람의 내면과 외면, 높은 영역과 낮은 영역의 구별이 없다. 생명은 그 전체로서 하나님의 은사에 대한 충분한 향유(享有)로 표현된다. 어떤 신학자들은 이를 물질주의적이라고 한다. 그러나 이는 그렇게 간단하게 볼 것이 아니다. 하나님께 대한 순종과 사랑에서만 향유될 수 있는 생명(신 30:1-3)은 물질적 번영과 다산(多産, 신 30:9), 장수(시 34:12; 91:16), 신체적인 건강과 안녕(잠 4:22; 22:4), 그리고 안정(신 8:1)을 포함하는 하나님의 모든 은사의 향유(시 103:1-5)를 의미한다. 그러나 이런 좋은 것들을 향유하는 것 자체가 생명이라고 할 수는 없다. 왜냐하면 생명이란 하나님과의 교제 안에서 하나님께서 주신 은사들을 향유하는 것을 의미하기 때문이다. 생명 자체를 포함해서 모든 좋은 것들의 근원은 오직 하나님이시다(시 36:9). 그러므로 여호와를 버리는 자는 생명의 근원을 버리는 것이므로 수치를 당하게 될 것이다(렘 17:3). 건강과 신체적 안녕이 생명이 의미하는 바 속에 있다 해도, 사람은 떡으로만 사는 것이 아니다(신 8:3). 따라서 하나님의 말씀에 순종함이 없이 하나님께서 주신 은사들을 향유하는 것도 생명이 아닌 것이다.

우리가 중간 상태(intermediate state)를 알기 위해서는 사람에 대한 구약의 개념을 이해해야 하며, 사람에 대한 가르침을 이해하기 위해서는 구약의 세계 개념을 이해해야만 한다. 구약이 세계를 이원론적으로 보지 않듯이 사람도 이원론적으로 생각되지 않는다. 사람은 희랍적 사유에서와 같이 몸과 영혼(body and soul, 또는 body and spirit)의 이원적 구조를 갖지 않는다(그러나 이에 대해서는 좀 주의해야 한다. 이원론으로 나아가지 않는 제한된 의미의 이분설은 성경적이라고 보아야 하기 때문이다. - 역주). '신'(Spirit)은 하나님의 기운(breath)이며 세상 안에 작용하는 하나님의 능력이다(사 40:7; 31:3). 생명을 창조하고 유지하는 것이 하나님의 기운이다(시 33:6; 104:29-30). 사람의 '신'(spirit)도 하나님께로부터 온 사람의 호흡이다(사 42:5; 욥 33:4; 27:3; 32:8). 하나님께서 생기를 사람에게 불어넣으셨을 때, 사람이 생령(a living soul, נֶפֶשׁ חַיָּה), 즉 살아 움직이는 존재가 된 것이다(창 2:7). 사람뿐 아니라 동물도 호흡을 해야 한다(창 7:15). 그러므로 구약에서 '네페쉬'(נֶפֶשׁ, nép̄eš)의 근본 의미는 사람(출 21:23; 삿 5:18; 시 33:19)과 동물(잠 12:10) 모두를 활동하게 하는 생명의 원칙이다. 따라서 '네페쉬'의 의미는 개인으로서의 사람을 지칭할 뿐 아니라(창 14:21; 46:18; 출 16:16; 민 5:6; 신 24:7; 겔 33:6), 식욕과 욕망의 자리인 동시에, 감정과 사상을 지닌 자아(自我)를 의미하기도 한다. 그러나 구약의 어디에서도 사람이 몸이나 육체라는 낮은 부분과 영이나 혼이라는 높은 부분으로 구성되어 있다고 말하지 않는다.

사후(死後)의 존재에 대한 구약의 개념은 이런 인간관(人間觀)과 밀접한 관계를 가지고 있다. 영혼은 육체라는 물리적 세계를 벗어나서 하나님의 세계로 가는 것이 아니다. 오히려 사람은 스올로 내려간다. 이 스올은 땅 아래 있는(시 86:13; 잠 15:24; 겔 26:20) 깊은 곳으로(시 63:9; 겔 31:14; 32:18) 생각되었다. 그러나 스올이 무덤과 동일시될 수는 없으니, 이는 무덤에 묻히지 않은 자도 스올에 있다고 하기 때문이다(창 37:35). 그러므로 스올은 죽음과 동의어로 보인다. 따라서 장소라기보다는 상태를 말한다. 이것은 하나님의 축복을 받지 못하는 존재의 상태이다(전 9:10; 사 38:18; 시 88:12; 115:17). 이때에도 의식과 자기 본질(identity)은 유지된다. 에스겔 32:17-32에서는 애굽인들이 지하에 던져질 것이라는, 즉 전쟁에서 죽임을 당하게 될 것이라는 저주가 나타나며, 따라서 스올의 거주자들은 앗수르인, 엘람인, 에돔 사람을 포함한 모든 종족이 될 것이라고 말한다. 이사야 14:9-10은 스올의 사자들이 바벨론 왕을 맞으려고 소동한다고 표현한다. 일찍이 땅의 왕들이었던 사람들이 이전 동료를 환영하려고 그들의 보좌로부터 일어난다는 것이다.

스올에 있는 것은 사람의 영혼이 아니라, 개정역(R.S.V.)에서는 '그림자'(shades)로, 흠정역에선 '죽은 자'(the dead)로 옮겨진 '레파임'(רְפָאִים, rephaim)이다. "죽은 자의 영들(the shades)이 물 밑에서 떨며 물에서 사는 것들도 그러하도다"(욥 26:5). 이 유령들(the shades)은 일어나 주를 찬양할 수 없다(시 88:10). "아래의 스올이 너로 말미암아 소동하여 네가 오는 것을 영접하되 그것이 세상의 모든 영웅(shades)을 너로 말미암아 움직이게 하며 열방의 모든 왕을 그들의 왕좌에서 일어서게 하므로"(사 14:9; 잠 9:18을 보라).

이 유령 또는 유혼들은 사람의 육체와 유리된 영혼과 동일시되지 않는다. 그것은 아마도 사람 자신의 희미한 잔재(a pale replica of man himself)의 일종일 것이다(이에 대한 래드의 주장은 재고의 여지가 있다. 신약의 명확한 가르침에서 이 문제에 대한 답을 찾아야 할 것이다. - 역주). 죽음이 인간 존재의 종국을 의미하는 것이 아님을 히브리인들은 다른 모든 고대인들과 같이 확신하고 있었다. 이것을 보면 하나님께서 사람의 마음 어딘가에 인간이 사후에도 존재한다는 개념을 심어 놓으신 듯하다.

그러나 히브리적 죽음의 개념은, 생명은 육체적 생명이어야 한다는 확신도 보여 준다. 왜냐하면 스올에 있는 유혼들은 하나님과의 의식적인 교제를 상실하고 있으므로, 스올로 내려간 것은 생명을 의미할 수 없기 때문이다.

그러나 구약의 몇몇 구절에서는 사후에 그저 '스올'에 존재하는 것에 대한 기대를 훨씬 초월하는 계시가 주어졌다. 시편 기자는 이렇게 썼다. "이는 주께서 내 영혼을 스올에 버리지 아니하시며 주의 거룩한 자를 멸망시키지 않으실 것임이니이다 주께서 생명의 길을 내게 보이시리니 주의 앞에는 충만한 기쁨이 있고 주의 오른쪽에는 영원한 즐거움이 있나이다"(시 16:10-11). 여기서 시편 기자는 이 땅에서 하나님과 의식적인 교제를 하며 살았던 경건한 사람에게는 스올이 최후가 될 수 없다는 확신에 사로잡혀 있다. 음부의 세계를 지나서, 죽은 자가 하나님과 계속적으로 교제할 수 있는 하나님 면전으로 이어지는 생명의 길을 하나님이 그에게 보여 주실 것이라고 믿는 것이다.

동일한 소망에 대한 또 하나 희미한 빛은 시편 49:15에서 찾을 수 있다. "그러나 하나님은 나를 영접하시리니 이러므로 내 영혼을 스올의 권세에서 건져 내시리로다." 같은 사상이 시편 73:24에도 나타난다. "주의 교훈으로 나를 인도하시고 후에는 영광으로 나를 영접하시리니."

그러나 구약에서 생명은 신체를 가진 존재이다. 여기에 몸의 부활 교리가 생명 개념에서 왜 그렇게도 본질적인가 하는 문제의 해답이 있다.

이제 우리가 신약으로 눈을 돌리면, 중간 상태에 대해 말하고 있는 가장 생생한 구절은 누가복음 16:19-31에 나오는 부자와 나사로 이야기인 것처럼 보인다. 이 이야기를 사후(死後)의 존재 문제에 대한 계시로 취급하는 이들은 이 이야기가 비유로 불리지 않았음에 주목한다. 비유를 사용하실 때의 예수님의 일상적인 방법과는 달리, 이야기 속의 한 인물에게 '나사로'라는 구체적인 이름이 주어졌기 때문이다. 그러나 나사로는 '하나님께서 도우셨다'(God has helped)라는 의미를 지닌 히브리어의 희랍어 형이고, 가난한 자는 부유한 자를 의지하지 않고 하나님을 의지했으며, 따라서 하나님께서는 그에게 구원의 선물을 주셨다는 상징적 의미가 있는 것이다. 만일 이 이야기가 사실(true story)이라면, 이는 중간 상태가 음부(Hades)와 아브라함의 품이라는 두 부분으로 나누어져 있음을 가리킨다. '하데스'(ᾅδης)는 히브리어 '스올'(שְׁאוֹל)에 상당하는 헬라어다. 아브라함이 있는 곳과 하데스 사이에 큰 구렁텅이가 놓여 있으나 의사소통은 가능한 것으로 묘사되어 있다. 결국 하데스에 있는 악한 자들은 불 가운데서 고통당하지만, 의로운 자들은 아브라함의 품 안에서 축복받음을 대조해서 가르치는 것이다.

그런데 여기 이 이야기에는 중간 상태에 관한 전체 성경의 가르침과 상충하는 점이 하나 있다. 그들이 죽은 뒤에 심판과 보상이 곧 실시되었다는 점이다. 다른 모든 곳에는 심판이 그리스도 재림 때 일어나는 것으로 기록되어 있다. 또한 이 이야기는 당시 유대교에 유행하던 하데스에 대한 개념을 반영하고 있으므로, 이 이야기는 사실(a true story)이 아니고 당대의 개념에 기초한 비유임을 알 수 있다.

더구나 예수님께서는 어느 곳에서도 부(富) 자체가 지옥에 갈 만한 것이고, 빈곤 자체가 하늘에 오를 만한 것이라고 가르치신 일이 없다. 그러므로 이 비유는 가난한 자와 그의 운명에 관한 것이 아니고, 부자의 다섯 형제에 대한 것이다. 요절은 "모세와 선지자들에게 듣지 아니하면 비록 죽은 자 가운데서 살아나는 자가 있을지라도 권함을 받지 아니하리라"(16:31)라는 말씀이 된다. 이 비유는 예수님이 어떤 분이신가에 대한 성경의 증언을 받아들이지 않으려고 하는 유대인들의 완고함과 강퍅함을 말하는 것이다.

그러므로 중간 상태에 관한—적어도 의로운 자의 중간 상태에 관한—가장 분명한 복음서 말씀은 예수님께서 같이 십자가에 달려 죽어 가는 행악자에게 하신 말씀이다. 예수님의 행동에 깊이 감동받은 그 강도는 마침내 "예수여 당신의 나라에 임하실 때에 나를 기억하소서"(눅 23:42)라고 기도함으로 예수님께로 돌아섰다. 분명히 그 행악자는 예수님의 메시아직에 관한 논쟁의 얼마를 알고 있었을 것이고, 예수님께서 십자가에 달리셨다는 사실에도 불구하고 그가 참으로 메시아이며 미래 어느 날엔가 그가 하나님의 기름 부음 받은 자로서 그의 나라를 세우기 위해 나타나실 것이라는 결론에 이른 것이다. 이에 예수님께서는 "내가 진실로 네게 이르노니 오늘 네가 나와 함께 낙원에 있으리라"(눅 23:43)라고 대답하셨다.

여기 '낙원'(paradise)이란 말은 '공원'이나 '정원'을 뜻하는 페르시아어에서 파생된 헬라어이다. 구약에서는 이 말이 에덴동산을 가리킬 때 사용되었다(겔 28:13; 31:8, 개역개정에는 '동산'이라고 번역되어 있다. - 역주). 후기 유대 문학에서 이 말은 의로운 자가 죽음과 부활 사이에 거주하는 축복의 상태를 지칭하게 된다. 바울은 고린도후서 12:4에서 하나님의 거주지(dwelling place)를 가리켜 '낙원'이라고 한다. 그가 황홀경의 상태에서 낙원으로 사로잡혀 갔다는 것이다. 십자가 상의 그 강도는 예수님께 대한 신앙을 표현했으므로 '오늘', 즉 죽자마자 곧 하나님의 면전에서 주님과의 교제를 향유하게 될 것이라는 말이다.

그 어느 곳에서도 신약은 구속받은 자들이 중간 상태에서 그리스도와의 교제를 향유한다는 것 이상을 말하지 않는다. 바울도 지금 사도로서 고통을 당하기보다는 "차라리 세상을 떠나서 그리스도와 함께 있는 것이 훨씬 더 좋은 일이라"(빌 1:23)라고 할 때에 같은 것을 확언할 뿐이지 중간 상태에 대해 새로운 빛을 비춰 주지 않는다. 디모데후서 4:18의 '천국'(heavenly kingdom)에 대한 언급도 아마 같은 희망을 지시하는 것일 것이다(이 구절이 극치에 이른 하나님 나라에 대한 지칭이라고 해석될 수도 있음에 유의하라. - 역주).

몇몇 학자들이 중간 상태에 관해 새로운 빛을 던져 준다고 생각하는 단락이 하나 있다.

만일 땅에 있는 우리의 장막 집이 무너지면 하나님께서 지으신 집 곧 손으로 지은 것이 아니요 하늘에 있는 영원한 집이 우리에게 있는 줄 아느니라 참으로 우리가 여기(몸 안에) 있어 탄식하며 하늘로부터 오는 우리 처소로 덧입기를 간절히 사모하노라 이렇게 입음은 우리가 벗은 자들로 발견되지 않으려 함이라 참으로 이 장막(우리의 지상적인 몸)에 있는 우리가 짐 진 것같이 탄식하는 것은 벗고자 함이 아니요 오히려 덧입고자 함이니 죽을 것이 생명에 삼킨 바 되게 하려 함이라…그러므로 우리가 항상 담대하여 몸으로 있을 때에는 주와 따로 있는 줄을 아노니 이는 우리가 믿음으로 행하고 보는 것으로 행하지 아니함이로라 우리가 담대하여 원하는 바는 차라리 몸을 떠나 주와 함께 있는 그것이라 그런즉 우리는 몸으로 있든지 떠나든지 주를 기쁘시게 하는 자가 되기를 힘쓰노라(고후 5:1-9).

이 단락은 대개 복음주의 학자들이 두 가지 서로 다른 방법으로 해석하는 단락이다. 어떤 학자들은 두 가지 일이 동시에 일어난다는 것에 강조점을 둔다. 그래서 죽어서 이 땅에서의 우리 몸이 파괴되면, 죽는 순간에 "손으로 지은 것이 아니요 하늘에 있는 영원한" 구속된 몸을 갖게 된다는 것이다. 바울이 초기 서신서들에서 성도의 부활을 그리스도의 재림 때로 보았다는 것은 사실이다(살전 4장). 그러나 고린도전서와 고린도후서의 중간에, 이전에는 느껴본 적이 없는 임박한 죽음의 위험에 직면해서(고후 6:9) 바울이 사후(死後)에 무엇이 일어날 것인가를 깊이 생각하게 되었다는 것이 일반적인 견해이다. 그래서 그는 마음을 바꾸어 그리스도 안에 있는 자들은 죽자마자 곧 부활의 몸을 입게 될 것이라고 결론지었다고 한다. 그러므로 고린도후서 5장은 신약 성경 중에서 의로운 자의 사후 상태에 관해 가장 충분한 설명을 한다는 것이다.

이 견해에는 몇 가지 문제점들이 있다. 먼저, 바울은 고린도후서를 쓰기 전에도 죽음을 모르는 이가 아니었다는 점이다. 고린도전서 15:31에서도 바울은 이렇게 말한다. "나는 날마다 죽노라." 즉, 그는 항상 육체적 죽음의 위험에 직면한다는 것이다. 둘째로, 빌립보서 3:20-21에서 바울은 데살로니가전서에서와 같이 몸의 변형을 그리스도의 재림 때로 잡는다. 그러므로 이것은 그가 중간 상태에 관해 자신의 마음을 바꾸지 않았다는 증거가 된다. 마지막으로, 고린도후서 5장이 죽은 후 곧 부활의 몸을 갖게 된다는 것을 말하는 것이라면, 왜 바울이 그리스도 재림 때 있을 미래의 부활의 필요성을 생각했는지를 해결할 수 없다. 그러므로 고린도후서에 묘사된 몸은 종말론적 궁극성을 표현하는 것이다. "죽을 것이 생명에 삼킨 바 되게 하려 함이라"(고후 5:4). 고린도전·후서 이후에 쓴 빌립보서 3:20-21을 보면, 바울은 재림 때 변형된 부활의 몸을 덧입게 될 것을 기대하고 있음이 분명하다. "그러나 우리의 시민권은 하늘에 있는지라 거기로부터 구원하는 자 곧 주 예수 그리스도를 기다리노니 그는 만물을 자기에게 복종하게 하실 수 있는 자의 역사로 우리의 낮은 몸을 자기 영광의 몸의 형체와 같이 변하게 하시리라."

이러한 이유들로 해서, 고린도후서 5장에 대한 다소 전통적인 해석이 더 바람직한 것으로 보인다. 원칙적으로 바울은 부활한 몸에 대해 말하고 있는 것이다. 죽음은 생명의 종국이 아니므로 그 공포의 성격을 이미 상실했다. 오히려 우리는 한 몸, 즉 영원한 몸, 천상의 몸, 그 부활체가 우리를 기다리고 있음을 안다. 하나님께서 지으신 집이 우리에게 있는 줄을 안다는 현재 시제는 이 천상의 몸을 받게 될 것의 확실함을 표현한다. 로마서 8:30에서도 바울은 최종의 종말론적 사건인 '영화'를 과거 시제로 말하고 있다. 그만큼 그는 영화의 경험을 확신했던 것이다. "부르신 그들을 또한 의롭다 하시고 의롭다 하신 그들을 또한 영화롭게 하셨느니라." 우리가 이 몸을 받게 될 때는, "죽을 것(썩을 것)이 생명에 삼킨 바"(고후 5:4) 된다. 이 땅에 있을 때 약함과 병듦과 고통으로 신음하며 천상의 삶을 덧입기 바라던 우리 몸의 부활을 바울은 바라보고 있는 것이다. 부활과 대조되는 것은 "벗은 자로", 즉 육체와 분리된 영혼으로 발견되는 것이다. 그리고 비록 죽음이 그 쏘는 가시를 상실했다고 해도, 죽음은 궁극적으로 극복되어야 할 최후의 원수로 남아 있다. 바울은 육신의 장막을 벗어 버리는 것을 조금이라도 기쁨으로 기다리지 않는다. 그것은 몸이 없는 '벗은 자'가 되는 것이기 때문이다. 그가 바라는 것은 (부활 때에) 덧입고자 하는 것이다. 그래서 죽을 것이 생명에게 삼킨 바 되게 하려는 것이다(고후 5:4). 여기서 바울은 몸을 참된 자아에 대한 방해물로 생각하고 몸과 분리된 '영적' 영역을 바라는 희랍의 이원론과 날카롭게 대립한다. 바울에게 있어서는 부활이 모든 것을 의미한다. 그는 죽음 이후에 죽은 자의 상태에 관해서 아무런 계시도 전해 주지 않는다. 그가 말할 수 있는 것은, 그것은 '벗은 것'뿐이라는 것이다.

그러나 부활의 몸을 받기 전에 몸을 벗어나는 것이 좋은 점도 하나 있다. "그러므로 우리가 항상 담대하여 몸으로 있을 때에는 주와 따로 있는 줄을 아노니 이는 우리가 믿음으로 행하고 보는 것으로 행하지 아니함이로라 우리가 담대하여 원하는 바는 차라리 몸을 떠나 주와 함께 있는 그것이라"(고후 5:6-8). 여기서 바울이 말하는 것은 그가 빌립보서 1:23에서 말한 것과 동일하다. 그는 사후의 상태에 관해서 아는 바가 없고 부활이 없는 죽음은 피하려고 한다. 그러나 그럴지라도 죽음이 아무런 두려움을 주지 않는 것은 부활을 기다리고 있는 동안에도 그리스도와 함께 있을 것이기 때문이다.

결론짓자면, 바울의 증언은 예수님께서 죽어 가는 강도에게 하신 말씀과 일치한다. 하나님의 백성은 죽은 뒤에도 예수님과 함께 있게 될 것이다. 그러나 신약 성경은 이것 이상으로 중간 상태의 성질을 말하지 않는다.

지나가듯이 "온전하게 된 의인의 영들"을 언급하는 히브리서 12:23은 중간 상태에 대해 무엇인가 말하는 듯도 하다. 이 구절은 아마도 일반적인 진술이 아니고 구약 성도들을 가리키는 특별한 진술일 것이다. 히브리서 기자는 구약의 신앙 위인들에 대한 긴 명단인 히브리서 11장을 이런 말로 끝낸다. "이 사람들은 다 믿음으로 말미암아 증거를 받았으나 약속된 것을 받지 못하였으니 이는 하나님이 우리를 위하여 더 좋은 것을 예비하셨은즉 우리가 아니면 그들로 온전함을 이루지 못하게 하려 하심이라"(히 11:39-40). 이 '온전함'은 예수 그리스도에게서 발견된다. "그가 거룩하게 된 자들을 한 번의 제사로 영원히 온전하게 하셨느니라"(히 10:14). 그리스도의 죽으심이 이루신 '온전함'은 구약의 희생 제사 제도가 이루지 못하던 것, 즉 사람으로 하나님과 산 교제를 하게 하는 것이다. 이것이 이제 신약의 성도들에게는 이루어졌다. 또한 이것은 구약의 성도들이 죽은 뒤에도 그들에게 적용되는데 이는 그들 역시 신앙의 사람들이기 때문이다.

또 하나, 어렵기로 소문난 구절은 베드로전서 3:19-20이다. "그가 또한 영으로 가서 옥에 있는 영들에게 선포하시니라 그들은 전에 노아의 날 방주를 준비할 동안 하나님이 오래 참고 기다리실 때에 복종하지 아니하던 자들이라 방주에서 물로 말미암아 구원을 얻은 자가 몇 명뿐이니 겨우 여덟 명이라." 이 구절은 지금까지도 다양하게 해석되고 있다. 우리는 여기서 다만 세 가지 중요한 해석만을 언급하려 한다.

첫 번째로 고대 교부들의 해석은, 그리스도께서 중간 상태에 계실 동안에 영으로, 하데스에 갇혀 있는 사람들의 영들에게 가서 복음을 전했다는 것이다. 이 하데스에 있는 영들은 노아 시기에 살던 사람들이 아니면 그리스도 이전에 산 모든 사람이라는 것이다. 이 해석은 사후 구원의 여지를 주므로 곧 그 힘을 잃었다. 두 번째 해석은 아우구스티누스와 많은 개혁자들의 해석으로서, 그리스도께서 선재(先在) 상태에 계실 때에 노아를 통하여 그 동시대인들에게 복음을 전하셨다는 것이다. 세 번째 해석은 오늘날 가장 널리 받아들여지고 있는 것으로, 그리스도께서 그의 중간 상태 동안에 복음의 승리를 하데스에 갇혀 있는 타락한 천사들에게 선포하셨다는 해석이다. 이 '선포'는 꼭 구원의 수단을 의미하는 것이 아니고, 그리스도의 죽으심과 부활을 통해서 그가 영적 세계의 세력을 부수었다는 승리의 선언인 것이다. 이 견해는 유다서 6절에서 약간의 지지를 얻을 수도 있다. "또 자기 지위를 지키지 아니하고 자기 처소를 떠난 천사들을 큰 날의 심판까지 영원한 결박으로 흑암에 가두셨으며."

또한 요한계시록 6:9을 중간 상태에 관한 계시로 보는 해석자들도 분명히 있을 것이다. "다섯째 인을 떼실 때에 내가 보니 하나님의 말씀과 그들이 가진 증거로 말미암아 죽임을 당한 영혼들이 제단 아래에 있어." 그러나 이 구절은 중간 상태 문제에 아무런 빛을 비춰 주지 않는다. 이것은 오히려 순교자들의 죽음을 은유적인 방법으로 묘사하는 것이며, 그들이 사후에 거주하는 곳에 대해 말하는 것은 아니다. 구약에서 동물들을 여호와께 희생으로 드릴 때, 그들의 피는 단 밑에 쏟아 드렸다(레 4:7). 이처럼, 마치 순교자들의 영혼들이 하늘 번제단 밑에 있는 것처럼 묘사한 것이다. 그들의 생명이 하나님께 희생 제물로서 바쳐졌기 때문이다. 이렇게 신약은 종종 희생제적 죽음의 용어를 사용해서 말한다. 죽음을 앞둔 사도 바울도 이렇게 썼다. "전제와 같이 내가 벌써 부어지고"(딤후 4:6). 이보다 앞서서 그는 이렇게 말한 적도 있었다. "만일 너희 믿음의 제물과 섬김 위에 내가 나를 전제로 드릴지라도 나는 기뻐하고 너희 무리와 함께 기뻐하리니"(빌 2:17). 마치 이것과 같이 요한계시록에 나오는 순교자들도 하나님께 드린 희생 제물로 표현된 것이다. 사실 그들은 땅에서 죽임을 당했고 그들의 피는 지면에 흘렀지만 기독교 신앙에서 그들의 영혼—그들의 생명—은 하늘 제단에 바쳐진 희생 제물인 것이다.

요약해서 말하자면, 신약 성경은 중간 상태에 관해 별로 말해 주지 않는다. 더구나 불의한 자들의 사후 상태에 관해서는 거의 아무런 빛을 비춰 주지 않는다. 복음서와 바울이 가르치는 유일한 것이 있다면 의로운 자들―신자들―이 사후에 그들의 부활을 기다리면서 하나님 앞에서 그리스도와 함께 있을 것이라는 것뿐이다. 이 상태도 복된 상태이긴 하지만 성경 전체는 궁극적인 구속이란 몸의 부활과 변형을 포함해야만 한다는 것을 증언한다 (그러므로 이것이 성도들의 진정한 희망의 내용이어야 한다. - 역주).

04

그리스도의 재림

신약에서 그리스도 재림의 중요성과 그 의미를 이해하기 위해서는 성경 신학의 근본적인 성질에 관한 폭넓은 이해가 필요하다. 성경은 어느 곳에서나 가시적(可視的)이고 자연적인 세계와 함께 비가시적(非可視的)이고 영적인 세계, 즉 하나님께서 거주하시는 곳을 전제하고 있다. "믿음은 바라는 것들의 실상이요 보이지 않는 것들의 증거니"(히 11:1). 이 세계는 육체적인 눈으로는 볼 수가 없다. 그것은 신앙으로만 볼 수 있는 것이다. 성경은 어디에서도 이 보이지 않는 세계의 실재(reality)를 증명하려고 하지 않는다. 마치 하나님 자신의 존재처럼 그 세계도 당연한 것으로 받아들여지고 있는 것이다. "하나님께 나아가는 자는 반드시 그가 계신 것과 또한 그가 자기를 찾는 자들에게 상 주시는 이심을 믿어야 할지니라"(히 11:6).

하나님과 세계의 이원론은 마치 3장에서 이야기한 영계와 물질계로 분리하는 희랍의 이원론과 비슷한 것으로 보일 수도 있다. 그러나 이런 유사성은 사실 겉으로만 그런 것이다. 히브리적 이원론과 희랍적 이원론 사이에는 깊은 차이가 있기 때문이다. 우리가 이미 지적한 대로, 희랍적 이원론은 사람을 몸과 영혼의 이원 구조로 보는 것이다. 사람의 몸은 물질계에 속했고, 사람의 참된 본성과 생명이 있는 영혼은 보이지 않는 영계에 속했다는 것이다. 그러므로 현자(賢者, wise man)는 자신의 영혼을 더 잘 개발하여 육체가 영혼에 전혀 거침이 되지 않도록 육체를 잘 통제하는 사람이라고 한다. 그리고 현자는 죽을 때 물질의 가시적인 세계에서 벗어나 보이지 않는 영적인 세계로 간다는 것이다. 따라서 '구원'이란 영혼의 무덤인 몸으로부터 벗어나는 것을 의미한다.

히브리적 이원론은 이것과는 아주 다르다. 비록 이 자연계가 잘못된 것이 있을지라도, 이 세상은 그 본질에 있어서 선하며 악하지 않다는 것을 히브리적 사고는 계속해서 주장한다. 또한 사람의 원래 거주지는 땅이다. 그리고 그가 하나님을 알게 되는 것은 육체의 욕망을 다스리고 영혼을 더 잘 개발함으로 되는 것이 아니고, 하나님께서 지상적이고 역사적인 존재로 사람에게 오심으로써 가능하다고 주장한다.

희랍적 사고에 있어서는 사람이 이 세상으로부터 신(神)에게 가야 하지만, 히브리적 사고에서는 하나님이 사람에게 내려오신다. 더구나 하나님께서는 자신을 스스로 계시하시는 이 역사 속에 인간을 찾아오심으로서 하나님 자신을 계시하셨다. 구약에서 하나님의 크신 계시 행위는 이스라엘을 애굽에서 구원하셔서 그들을 한 나라로 세우신 일이다. 출애굽 사건은 다른 나라에서 일어난 것과 같은 일반적인 역사 사건이 아니다. 그 사건은 이스라엘 사람들이 한 일이 전혀 아니다. 모세의 뛰어나고 재주 있는 지도력에 의한 것도 아니다. 그것은 하나님의 행위였다. "내가 애굽 사람에게 어떻게 행하였음과 내가 어떻게 독수리 날개로 너희를 업어 내게로 인도하였음을 너희가 보았느니라"(출 19:4). 그러나 이 구원은 하나님의 단순한 행위일 뿐만 아니라, 이를 통해 이스라엘로 하여금 하나님을 알고 섬기게 하려는 행위였다. "나는 여호와라 내가 애굽 사람의 무거운 짐 밑에서 너희를 빼내며 그들의 노역에서 너희를 건지며 편 팔과 여러 큰 심판들로써 너희를 속량하여 너희를 내 백성으로 삼고 나는 너희의 하나님이 되리니"(출 6:6-7).

출애굽 사건은 이스라엘의 후대 역사에서 계속 반복해서 하나님께서 자신을 그 백성에게 알리신 구속 행위로 언급되고 있다. 호세아는 이스라엘의 역사적인 구속과 그 결과로 일어난 경험이 하나님 사랑의 증거라고 말한다. "이스라엘이 어렸을 때에 내가 사랑하여 내 아들을 애굽에서 불러냈거늘…내가 사람의 줄 곧 사랑의 줄로 그들을 이끌었고"(호 11:1, 4).

이뿐 아니라 역사는 또한 진노하시며 심판하시는 하나님을 계시한다. 호세아는 곧 이어서 말하기를, 이스라엘이 그 죄악으로 인해 다시 포로로 잡힐 것이라고 한다. 아모스도 이스라엘의 임박한 역사적 파멸을 다음과 같은 말로 해석한다. "그러므로 이스라엘아 내가 이와 같이 네게 행하리라 내가 이것을 네게 행하리니 이스라엘아 네 하나님 만나기를 준비하라"(암 4:12). 역사적인 사건으로 자기 백성을 심판하시는 하나님의 계시는 이스라엘이 앗수르에게 패한 역사적인 사건을 가리켜 '여호와의 날'이라고 말하는 것에서 가장 명백하게 나타난다.

과거에 있었던 이런 놀라운 하나님의 찾으심을, 신학자들이 신현(神顯, Theophany)이라고 부르는 말로 묘사할 수가 있다. 즉 '하나님의 임재'라는 말이다. 하나님이 임재하시는 그 영광과 엄위 앞에서 피조계는 떨지 않을 수 없다.

> 산들이 주를 보고 흔들리며…
> 해와 달이 그 처소에 멈추었나이다
> 주께서 노를 발하사
> 땅을 두르셨으며
> 분을 내사 여러 나라를 밟으셨나이다

주께서 주의 백성을 구원하시려고,

기름 부음 받은 자를 구원하시려고 나오사

(합 3:10-13).

우리는 이미 앞에서 구약에는 세 종류의 메시아적 인물이 나온다는 것을 보았다. 곧, 다윗가의 메시아, 천상의 인자, 그리고 하나님 백성의 최후 종말론적 구원의 수단이 될 여호와의 고난받는 종이다.

그런데 구약에서는 자주 하나님의 종말론적 임재를 신현적인 용어로, 그러니까 그 앞에서 온 피조물이 떨고 전율하는 하나님의 영광과 위엄이 나타나시는 것으로 바라본다는 것을 흔히들 간과한다. 이것을 이해하기 위해서는 이사야 24장과 25장 전체를 읽어 보아야 할 것이다. 여기서는 몇 구절만 인용해 보려고 한다.

보라 여호와께서 땅을 공허하게 하시며 황폐하게 하시며 지면을 뒤집어엎으시고 그 주민을 흩으시리니/ 땅이 온전히 공허하게 되고 온전히 황무하게 되리라 여호와께서 이 말씀을 하셨느니라/ 그날에 여호와께서 높은 데(heaven)에서 높은 군대를 벌하시며 땅에서 땅의 왕들을 벌하시리니 그들이 죄수가 깊은 옥에 모임같이 모이게 되고 옥에 갇혔다가 여러 날 후에 형벌을 받을 것이라 그때에 달이 수치를 당하고 해가 부끄러워하리니 이는 만군의 여호와께서 시온 산과 예루살렘에서 왕이 되시고 그 장로들 앞에서 영광을 나타내실 것임이라(사 24:1, 3, 21-23).

이 중에서 가장 중요한 구절은 "만군의 여호와께서 시온 산과 예루살렘에서 왕이 되시고(통치하시고)"라는 말이다. 하나님 통치의 수립, 그 왕국의 수립이야말로 선지자들의 소망의 중심인 것이다. 이는 다음 세 가지를 의미할 것이다. 곧 타락한 피조계의 파괴와 심판, 악한 자들에 대한 징벌, 그리고 하나님의 백성을 회복된 땅으로 구원하시는 것이다. 이사야서는 계속해서 이렇게 말한다.

만군의 여호와께서 이 산에서 만민을 위하여 기름진 것과 오래 저장하였던 포도주로 연회를 베푸시리니 곧 골수가 가득한 기름진 것과 오래 저장하였던 맑은 포도주로 하실 것이며/ 사망을 영원히 멸하실 것이라 주 여호와께서 모든 얼굴에서 눈물을 씻기시며 자기 백성의 수치를 온 천하에서 제하시리라 여호와께서 이같이 말씀하셨느니라(사 25:6, 8).

하나님께서 이 땅과 인류를 심판하시고, 자신의 백성을 구속하시기 위해 찾아오신다는 이러한 종말론적 신현의 신학은 요엘 3:14-21과 스바냐 2장에서도 발견할 수 있다. 그러나 여기서는 지면상 이를 인용할 수 없다. 이 구절들에서 중요한 사실은 하나님께서는 심판과 구원의 이중 사역을 위해서 지상적인 존재로 역사 가운데 인간들을 찾으신다는 점이다. 그 어느 곳에서도 구원이 희랍적 사유에서와 같이 역사로부터의 탈출이라고는 인식되지 않았다. 항상 하나님께서 역사 가운데 사람들을 찾아오신다. 사람이 하나님께로 갈 수 있는 것이 아니고, 하나님께서 사람에게 오신다. 역사란 사람이 잠시 그 위에서 살다가 사라져 버릴 무대만은 아니다. 오히려 역사는 인간이 그 가운데서 구원과 심판을 받는 곳이다.

신약에서는 '하나님의 찾아오심'의 신학이 아주 새롭고, 전례 없는 형식으로 나타난다. 그것이 성육신(incarnation)이다. 나사렛 예수는 초자연적인 능력을 부여받은 사람이었다. 복음주의자이건 자유주의자이건 상관없이, 현대 신학자들도 예수님께서 치유의 이적으로 보이는 것을 수행하셨다는 사실을 시인한다. 예수님의 이적 중 특징적인 것은 귀신을 내쫓으신 일(the exorcism of demons)이다. 많은 현대인들은 귀신 들림과 관련된 복음의 가르침을 잘 이해할 수는 없으나, 이것이 예수님의 사역과 아주 밀접하게 연관된 요소라는 것은 부인할 수 없다. 또한 어떤 관점에서 볼 때는 사실 이것이 가장 중심적인 요소라고 생각될 수도 있다.

예수님께서 세례 받으실 때, 하늘에서 들려온 음성은 예수님이 하나님의 아들이며 선택된 자라는 것을 선포했다. 이 선택은 "내

기뻐하는 자라"(마 3:17)라는 말과 관련된 것이다. 세례는 곧바로 시험과 연관된다. 그러므로 이 시험은 세례의 빛에서 이해되어야만 한다. 그 삼중의 시험은 예수님이 하나님의 아들이라는 문제와 관련된다. "네가 만일 하나님의 아들이어든(네가 그렇다고 생각하거든)"(마 4:3). 시험의 핵심은 예수님으로 하여금 메시아적 사명을 수행함에 있어서 하나님의 뜻을 포기하도록 하는 것이다. "네가 만일 하나님의 아들이어든 뛰어내리라. 그리하여 아무 상함 없이 성전 아래로 내려가 너의 신성을 나타내 보여 군중이 두려워하며 너를 섬기도록 하여라." 이 시험은 예수님의 사역 전체를 통해서 계속되는 예수님과 사탄의 세력 간의 투쟁의 시작을 보여 준다.

한번은 예수님께서 귀신을 쫓아내신 후에, 유대인의 지도자들이 예수가 초자연적 능력을 가졌음을 인정하나, 그 능력이 사탄적인 것이라고, 즉 바알세불의 능력에 힘입은 것이라고 말한 적이 있다. 예수님께서는 그런 일은 불가능하다고 대답하셨다. 왜냐하면 이는 사탄의 나라 자체 내의 내분이 될 것이고, 그렇다면 파멸을 자초하는 것이기 때문이다. 이에 덧붙여 예수님께서는 말씀하신다. "그러나 내가 하나님의 성령을 힘입어 귀신을 쫓아내는 것이면 하나님의 나라가 이미 너희에게 임하였느니라 사람이 먼저 강한 자를 결박하지 않고서야 어떻게 그 강한 자의 집에 들어가 그 세간을 강탈하겠느냐 결박한 후에야 그 집을 강탈하리라"(마 12:28-29). 사람을 사탄의 세력으로부터 구원하는 것이 예수님 지상 사역의 사명이었다. 이것은 강한 자의 집—이 세상—에 들어가 '그 세간을 강탈하는 것'을 의미한다. 즉, 사람들을 사탄의 세력에서 빼앗아 오는 것이다. 이에 대한 가장 명백한 상징은 귀신 들린 자들을 고치시는 것이었다. 예수님께서 사탄과 싸우셔서 그를 '결박하고' 귀신 들린 자를 이전의 노예 상태에서 풀어 주신 것이다.

귀신을 쫓아내심(축출)은 사람으로 하여금 하나님의 왕적 통치를 받게 하는 소극적인 면에 불과하다. 사탄 축출, 그 자체가 끝이 아니다. 사람의 생명은 이제 다시 하나님의 권능으로 채워져야만 한다. 그렇지 않으면, 사탄이 다시 돌아와 그 사람의 나중 상황은 처음보다 더 악해질 것이기 때문이다. 사탄에 대한 승리는 70인 제자들이 받은 하나님 나라를 선포하는 사명에서 잘 나타났다. 이 사명을 마치고 난 후에 그들은 와서 보고하기를, 심지어 귀신들도 예수님의 이름 앞에서 그들에게 복종하더라고 했다. 예수님께서도 대답하셨다. "사탄이 하늘로부터 번개같이 떨어지는 것을 내가 보았노라"(눅 10:18). 이것은 분명히 상징적인 언어이지, 지리적이나 천문학적인 진술은 아니다. 70인 제자들의 사역에서 예수님께서는 사탄이 그 권능의 자리에서 떨어지는 것을 보셨던 것이다. 사탄을 결박한다든지, 그가 하늘로부터 떨어진다든지 하는 것은 모두 사탄이 예수님과의 투쟁에서 패배했음을 은유적인 방법으로 진술하는 것이다.

요한복음은 첫 세 복음서에 시사되어 있는 것을 더 분명히 말하고 있다. "태초에 말씀이 계시니라 이 말씀이 하나님과 함께 계셨으니 이 말씀은 곧 하나님이시니라/ 말씀이 육신이 되어 우리 가운데 거하시매"(요 1:1, 14). 바울도 동일한 진리를 이렇게 증언한다. "그(그리스도)는 근본 하나님의 본체시나 하나님과 동등 됨을 취할 것으로 여기지 아니하시고 오히려 자기를 비워 종의 형체를 가지사 사람들과 같이 되셨고 사람의 모양으로 나타나사 자기를 낮추시고 죽기까지 복종하셨으니 곧 십자가에 죽으심이라"(빌 2:6-8). 다른 말로 하면, 나사렛 예수님의 이야기는 종교적 천재의 이야기나 미래를 멀리 내다보는 선지자의 이야기도 아니고, 아주 놀라운 재능을 받은 사람의 이야기도 아니라는 것이다. 그 모든 것일 수도 있으나 그 이상의 것이다. 그것은 성육신(incarnation)과 화육(enfleshment)의 이야기, 하늘의 하나님께서 사람을 찾아오신 이야기인 것이다. "그의 이름은 임마누엘이라 하리라 하셨으니 이를 번역한즉 하나님이 우리와 함께 계시다 함이라"(마 1:23). 현대의 학자들은 '역사적 예수'(a historical Jesus), 곧 완전히 인간적인 용어로 이해할 수 있는, 역사 속의 예수를 찾고 있다. 그러나 사람들이 찾아낸 그 어떤 '역사적 예수'도 복음서에 나타나는 예수와는 조화되지 않는다. 성경에서 '예수'를 부른다는 것은 '하나님'을 부르는 것을 의미한다. 그래서 예수님은 "나를 본 자는 아버지를 보았거늘"(요 14:9)이라고 말씀하신 것이다.

그러나 예수님의 성육신은 신성을 온전히 다 드러내 놓은 것은 아니다. "말씀이 육신이 되신" 것이다. 신성은 사람의 몸에 감추어졌다(Deity was veiled in human flesh). "자기를(자신의 영광을) 비워 종의 형체를 가지사 사람들과 같이 되셨고." 예수님을 어릴 때부터 알아온 사람들은 그것 때문에 예수에게서 큰 인상을 받지 못했다. "이르되 이는 요셉의 아들 예수가 아니냐 그 부모를 우리가 아는데 자기가 지금 어찌하여 하늘에서 내려왔다 하느냐"(요 6:42). 이미 우리가 3장에서 지적한 대로, 예수님께서는 영광의 인자가 되시기 전에 고난받는 종의 역할을 수행하는 메시아적 사명을 가졌다. 우리가 여기서 밝히려고 하는 점은, 겉으로 드러난 것과는 달리, 나사렛 예수님의 생애는 비록 가려졌으나 하나님께서 역사 가운데에 나타나신 것이라는 점이다. 이러한 감추어진 형태의 하나님의 임재는 오직 신앙의 눈으로만 관찰할 수 있다. 요한에 의하면, 예수님께서는 갈릴리 가나에서 물을 포도주로 변화시키는 이적을 행하시고 그의 영광을 나타내셨다고 한다(요 2:11). 그러나 이것이 모든 사람에게 명백했던 것이 아니고, 오직 믿는 제자들에게만 그러했던 것이다. 대부분의 백성은 아주 좋은 포도주 맛만 보았을 뿐이다.

예수님의 주된 사명 한 가지는 사탄의 세력을 무너뜨리는 것이었음을 지적한 바 있다. 바울은 이 사건이 예수님의 죽음과 부활에서 일어났다고 보았다. "통치자들과 권세들을 무력화하여 드러내어 구경거리로 삼으시고 십자가로 그들을 이기셨느니라"(골 2:15). 예수님의 부활과 승천의 의미에 관한 신약의 주요 주제 한 가지는 예수님께서 이로써 악의 세력을 정복하셨다는 점이다. 오순절에 베드로는 이 점을 이야기한다. "주(하나님)께서 내 주(메시아)에게 말씀하시기를 내가 네 원수로 네 발등상이 되게 하기까지 너는 내 우편에 앉아 있으라 하셨도다 하였으니"(행 2:34-35). 그리스도께서는 이미 사탄에게 치명타를 가하셨다. 그러나 사탄은 아직 완전히 파멸된 것은 아니다. "그(그리스도)가 모든 원수를 그 발아래에 둘 때까지 반드시 (왕과 메시아로서) 왕 노릇 하시리니 맨 나중에 멸망받을 원수는 사망이니라"(고전 15:25-26).

이는 하나님 나라에 관한 말씀이다. 예수님은 마지막에 "모든 통치와 모든 권세와 능력을 멸하시고 나라를 아버지 하나님께"(고전 15:24) 바치신다. 하나님 나라는 그리스도 안에서 나타나신 하나님의 통치이다. 우리는 이미 예수님의 축사(귀신을 쫓아내심), 즉 사람들을 사탄의 권세로부터 구원하심에서 이미 하나님 나라가 역사 가운데 사람들에게 임했다는 외적 증거를 찾았다(마 12:28). 그리스도는 부활하고 높아지셔서 하나님의 우편에 앉으신 것이다(행 2:34-36). 그는 지금도 메시아적인 왕으로 통치하신다. 많은 사람들이 계속해서 어두움의 멍에로부터 구원받아 그리스도의 나라로 옮겨지고 있다(골 1:13). 그러나 세계는 이를 알지 못한다. 세상은 마치 예수님께서 전혀 오시지 않은 것처럼 계속 행한다. 마치 하나님 나라는 단순히 꿈에 불과한 것처럼 행하고 있다. 오늘날 이 세상에는 예수님이 주님 되심을 고백하는, 그리고 평화와 의를 추구하는 수많은 그리스도인들이 있다. 그러나 그들이 모든 민족과 국가의 방향을 바꾸기에 충분한 것은 아니다. 예수님 자신이 세계 역사 전반에 걸쳐서 분규와 전쟁과 악과 핍박이 계속될 것임을 말씀하셨다. 예수님의 역사적 사명 안에 있는 하나님 나라의 임재는 주로 영적인 사건이었다. 사탄과 악의 세력들이 비록 패배했지만, 아직은 우리와 함께 있다. 세상은 아직도 악한 곳이다. 세상 나라들은 하나님과 그 왕국을 무시하고 있다.

여기에 그리스도 재림의 필요성이 있다. 이는 그의 성육신에서 시작된 사역을 완수하시기 위한 것이다. 환언하면, 하나님께서 악의 세력을 정복하시는 데에는 두 가지 커다란 사건, 두 번에 걸쳐 하나님이 역사 속으로 침입하신 일, 즉 성육신과 재림이 있다는 말이다. 어떤 학자는 제2차 세계 대전을 비유로 들어 이를 예증하기도 한다. 연합군이 나치 독일을 정복하는 데 두 단계, 즉 결정적인 날(D-Day)과 승리의 날(V-Day)이 있었다. 연합군이 대륙에서 승리한 후 교두보를 확보하고 프랑스를 향해 공격의 방향을 잡았을 때 전쟁의 방향이 일변했다. 결국 연합군은 진군하고 독일은 결정적으로 패했다. 그러나 독일이 무조건 항복한 '승리의 날'(V-Day)까지는 아직도 많은 전투가 남아 있었다. 그 후에야 전쟁이 끝나고 평화가 회복되었다.

마치 이것처럼, 예수님께서는 사탄의 영역을 공격하시고 결정적인 승리를 거두셨다. 예수님의 생애와 죽으심과 높아지심으로 인한 그의 승리로 인해서 전세는 뒤바뀌었다. 그래서 오순절 이후에 하나님 나라의 복음이 거의 온 세상에 선포되면서부터, 상당히 많은 수의 사람들이 사탄의 지배로부터 구원받아 그리스도의 통치 아래로 돌아오게 된다. 점점 더 많은 수의 사람들이 그리스도의 주권 앞에 복종하고 있다. 그러나 그는 "모든 원수를 그 발아래에 둘 때까지" 반드시 왕 노릇 하셔야만 한다(고전 15:25). 이 원수들은 영적인 원수들—사탄과 같은 원수들—이므로, 이것은 사람이나 교회가 능히 얻을 수 없는 (오직 하나님께서만 하실 수 있는) 승리다. 그것은 오직 하나님의 직접적인 행위에 의해서만 가능하다. 성육신하신 그리스도에게서 숨겨졌고 베일에 감추어진 형태로 있던 능력이 (재림 때에는) 큰 능력과 영광 중에 나타날 것이다.

이 사실을 또 다른 면에서 보자. 예수님께서는 지금도 주님이시다. 그분은 하나님의 우편에 앉아 계신다. 그가 그의 나라를 통치하신다. 그러나 이 주권과 왕적 통치는 신자들에게만 알려져 있다. 이것은 믿음으로 고백되어야만 한다. 그의 재림은, 지금 그의 것인 그 주권(Lordship)이 온 세상에 분명히 드러나리라는, 바로 그런 의미다. 우리가 "나라이 임하옵시며"라고 기도할 때 우리는 바로 이것, 즉 신자들에게뿐만 아니라 온 세상에 그리스도의 유효하고도 보편적인 통치가 임하기를 구하는 것이다. 그래서 그 나라가 임하여 올 때에, "하늘에 있는 자들과 땅에 있는 자들과 땅 아래에 있는 자들로 모든 무릎을 예수의 이름에 꿇게 하시고 모든 입으로 예수 그리스도를 주라 시인하여 하나님 아버지께 영광을 돌리게" 하실 것이다. (참고, 빌 2:10-11. 이 본문은 이 사건을 이미 일어난 것으로 보아 과거 시제를 사용하고 있다. - 역주)

구약의 종말론적 신현, 곧 하나님의 영광스러우신 임재, 그것은 하나님의 보편적 통치를 수립하는 것인데, 이것이 신약에서는 그리스도의 재림이라는 용어로 재해석되고 있다. 그래서 그리스도는 천상적인 인자로 오실 것이고, 그의 나라를 그 성도들에게 가져다주실 것이다. 그는 그때에 메시아적인 왕으로 그의 나라를 다스리실 것이다.

THE LAST THINGS:
AN ESCHATOLOGY FOR LAYMEN

05

재림을 지칭하는 데 사용된 용어

우리는 이제 많은 복음주의적 교회에서 큰 논란이 되고 있는 한 문제를 다루어야만 한다. 1장에서 다룬 세대주의는 그리스도의 재림이 두 번, 아니 두 국면에 걸쳐서 일어날 것이라고 가르친다. 또한 세대주의는 두 개의 하나님 백성, 즉 이스라엘과 교회가 있고, 하나님께서는 이 이스라엘과 교회를 위한 두 개의 각기 다른 프로그램을 가지고 계신다고 가르친다. 이스라엘에 대한 경륜은 지상적이고 신정적인 경륜(program)이며, 교회에 대한 경륜은 영적이고 천상적인 경륜이라는 것이다. 따라서 그리스도의 재림도 두 국면으로 이루어진다고 한다. 다음 장에서 살펴보겠지만, 성경은 하나님 나라와 사탄의 세력 간의 투쟁이 극치에 이를 때가 곧 올 것이며, 사탄과 교회의 무시무시한 투쟁의 때에 마귀는 모든 사람을 그리스도에게서 돌아서게 하려고 최선을 다할 것이라고 가르친다. 그때는 가공할 순교의 때가 될 것이며 대환난(the Great Tribulation)이라고 불릴 것이라고 한다(마 24:21; 계 7:14).

세대주의자들은 주장하기를 그리스도께서 환난 전에 오셔서 죽은 성도들을 일으키시고 살아 있는 성도들을 공중으로 들어 올리셔서(휴거, the rapture) 당신과 함께하게 하신다고 한다. 그러므로 교회는 대환난을 피할 것이고, 핍박은 그때 살아 있는 유대인들에 대한 것이라고 한다. 그리고 이 환난의 끝에 그리스도께서 이번에는 교회와 함께(살전 3:13) 이스라엘을 구원하시고 그들로 천년왕국을 이루게 하시려고 다시 재림한다는 것이다. 이러한 두 번의 재림은 교회를 들어 올리시려 오시는 '휴거'와 최후의 '계시'(revelation)로 불린다. '휴거'는 교회에만 알려지는 비밀스러운 임하심이라는 것이다. 그러나 '계시'는 주님께서 그의 왕국을 세우시기 위해 권세와 영광으로 임하시는 공적이며 가시적인 임하심이라는 것이다. 이렇게 그리스도께서 환난 전에 죽은 성도들을 살리시고, 산 교회를 들어 올리시기 위해 임하신다는 가르침이 세대주의의 가장 특징적인 교의다. 그리스도께서 대환난 전에 임하신다는 이 개념을 성경이 지지하는가를 알기 위해 우리는 신약성경에서 재림에 대해 어떤 용어를 쓰고 있는가를 살펴보아야만 한다.

신약에서는 재림을 묘사하는 데 세 가지 용어를 사용한다. 첫 번째 단어는 '옴'(coming), '도착'(arrival), 또는 '현존'(presence)을 의미하는 '파루시아'(παρουσία, parousia)이다. 이 말은 우리 주님의 재림을 지시함에 있어 가장 빈번하게 사용된 용어이고, 특히 교회의 휴거와 연관되어서 사용되고 있다.

> 우리가 주의 말씀으로 너희에게 이것을 말하노니 주께서 강림하실 (parousia) 때까지 우리 살아남아 있는 자도 자는 자보다 결코 앞서지 못하리라 주께서 호령과 천사장의 소리와 하나님의 나팔 소리로 친히 하늘로부터 강림하시리니(descent) 그리스도 안에서 죽은 자들이 먼저 일어나고 그 후에 우리 살아남은 자들도 그들과 함께 구름 속으로 끌어 올려 공중에서 주를 영접하게 하시리니 그리하여 우리가 항상 주와 함께 있으리라(살전 4:15-17).

이 구절의 말씀에서 그리스도의 은밀한 임하심을 찾기란 쉬운 일이 아니다. 그의 임하심에는 호령과 천사장의 소리와 하늘의 나팔 소리가 함께한다. 어떤 이는 말하기를 그 호령과 나팔 소리가 죽은 자들을 깨우기에 족할 정도로 클 것이라고 한다.

더구나 그리스도의 강림은 교회를 들어 올리시고 의로운 죽은 자들을 일으키기 위해서일 뿐만 아니라, 불법의 사람, 적그리스도를 파괴하시기 위함이다. "그때에 불법한 자가 나타나리니 주 예수께서 그 입의 기운으로 그를 죽이시고 강림하여(parousia) 나타나심으로 폐하시리라"(살후 2:8). 이것은 분명 은밀한 사건이 아니다. 그리스도의 강림(parousia)은 빛나는 나타나심이 될 것이기 때문이다. 더구나 이 구절은 강림(parousia)이 대환난의 끝에 있을 것이라고 말하고 있다. 그러므로 이 두 구절을 비교할 때, 살아 있는 성도들의 휴거와 죽은 성도들의 부활과 적그리스도에 대한 심판이 동시에, 즉 환난 끝에 있을 예수님의 재림 때에 있을 것으로 결론지을 수 있다.

더구나 예수님께서 모든 성도를 동반하실 때는 바로 그의 강림(parousia) 때인 것이다. 바울은 데살로니가에 있는 성도들을 위해 "우리 주 예수께서 그의 모든 성도와 함께 강림하실 때에" 흠이 없게 하시기를 기도한다(살전 3:13). 강림하실 때 주님께서는 모든 성도들과 함께 의로운 죽은 자들을 살리고, 살아 있는 신자들을 휴거시키시고, 적그리스도를 파멸시키기 위해 오실 것이다. 이렇게 강림(parousia)은 영광스러운 사건일 것이다. 그리스도께서 불법의 사람을 그 입의 기운으로 멸하실 것이다. 그것이 그의 강림(parousia)의 나타나심(문자적으로는 '현현'[epiphany], 또는 '밖으로 나타냄'[outshining])으로 이루어진다(살전 2:8). 그러므로 흠정역의 옮김이 틀리지 않다: "그의 강림의 빛남으로"(by the brightness of his coming). 이 현현이 영광스러운 사건이 될 것은, 바울이 "우리의 크신 하나님 구주 예수 그리스도의 영광이 나타나심"(딛 2:13)이라고 표현하고 있는 것을 보아도 명백하다.

우리는 예수님의 말씀에서도 영광스러운 가시적인 강림에 대한 동일한 가르침을 발견한다. "번개가 동편에서 나서 서편까지 번쩍임같이 인자의 임함도 그러하리라"(마 24:27). 그것은 번개의 번쩍임같이 모든 사람에게 한꺼번에 명백하게 보이는 영광스러운 일일 것이다. 그리스도의 임하심을 둘로 나누는 사람들이 이에 대해 제시하는 일반적인 대답은 '파루시아'가 '현존'(presence)을 의미하고, 따라서 이것은 휴거와 대환난의 시작에서 도입되는 전 시기(全 時期)를 포괄한다는 것이다. 따라서 파루시아(강림)는 휴거 시의 그리스도의 임하심과 대환난 끝에 있을 그의 최종 '계시'도 다 지칭할 수 있다고 한다.

때때로 '파루시아'가 '현존'(presence)을 의미한다는 것은 사실이다. 바울은 자신이 빌립보 교인들과 함께 있음(his presence=parousia)과 자신의 부재(不在, absence=aparousia)를 대비한다(빌 2:12). 고린도 교인들은 바울의 일관성 없음을 비난한다. 이는 "그의 편지들은 무게가 있고 힘이 있으나 그가 몸으로 대할 때는(his bodily presence=parousia) 약하기" 때문이다(고후 10:10). 그러나 이 말이 늘 '현존'(presence)을 의미하는 것은 아니다. 때로는 '도착'(arrival)의 의미로도 쓰인다. 바울이 에베소에 있을 때 고린도에서 온 사절들의 방문을 받았다. 그때 그는 그들의 '파루시아', 즉 그들이 온 것 또는 도착한 것을 기뻐했다(고전 16:17). 또한 고린도 교회의 형편을 알기 원했던 바울은 디도의 옴(parousia)으로 위로를 받았다(고후 7:6). 바울이 위로를 받은 것은 디도가 그와 '함께 있어서(현존)'가 아니라, 고린도 교회 소식을 가지고 디도가 '도착했기' 때문이다. 이때 파루시아를 '현존'(presence)으로 번역하면, 그 특정한 의미가 사라질 것이다. 이것은 다음 경우에 잘 나타난다. "그러므로 형제들아 주께서 강림하시기까지 길이 참으라…너희도 길이 참고 마음을 굳건하게 하라 주의 강림(parousia)이 가까우니라"(약 5:7-8). "주께서 강림하신다는 약속이 어디 있느냐"(벧후 3:4). 이와 같은 구절에서 말하는 바는 주님의 오심, 재림, 강림이다. '현존'(presence)은 이 문맥에 맞지 않는 번역이다.

이 같은 구절이 의미하는 바는 그리스도의 임하심, 강림인 만큼 그의 현존(또는 '함께하심')은 아닌 것이다. 죽은 자들이 일으킴을 받고, 산 자들이 들어 올림을 받는 것은 그리스도께서 강림하실 때 있는 일이다. 그러므로 '현존'이란 말은 맞지 않는다. 또한 그가 성도들과 함께 오실 때도 그가 오심으로 강림하시는 때이지, 그가 '함께하시는'(현존) 때가 아니다. 그의 임하심, 그의 강림은 번개의 번쩍임 같을 것이다. 그리스도의 강림(parousia)은 그의 재림(second coming)이다. 따라서 그것은 성도들에 대해서는 구원이 될 것이요, 이 세상에 대해서는 심판이 될 것이다.

우리 주님의 재림을 지칭하는 데 사용된 두 번째 단어는 '계시'(나타나심)를 의미하는 '아포칼립시스'(ἀποκάλυψις, apokalypsis)이다. 세대주의자들은 이 그리스도의 아포칼립시스 또는 '계시'

가 교회의 휴거와는 구별되는 것이며, 따라서 환난 끝에 그리스도께서 영광 중에 세상을 심판하시기 위해 임하실 때를 의미한다고 본다. 이 견해가 옳다면, 그리스도의 아포칼립시스(계시)는 기본적으로 그리스도인들이 바라는 축복은 아닐 것이다. 왜냐하면 '계시'가 일어날 때 성도들은 이미 들어 올려졌을 것이며, 그들이 육체 가운데서 행한 일에 대한 보상을 그리스도께 이미 받았을 것이기 때문이다. 그들은 이미 영생의 즐거움을 충분히 누리고 있으며, 그리스도와의 교제를 나누고 있을 것이다. 그러므로 그리스도의 아포칼립시스는 교회의 구원을 위한 것이 아니라, 악한 자들을 심판하기 위한 것이 된다. 세대주의자들에 의하면 우리가 바라는 축복은, 그리고 애써 기대하는 대상은 '계시'가 아니라 그리스도의 은밀한 임하심 때에 있을 휴거가 된다.

그러나 이것은 우리가 성경에서 발견하는 것과는 다르다. 우리는 "우리 주 예수 그리스도의 나타나심(revelation)을 기다리고 있기" 때문이다(고전 1:7). 세대주의자들에 의하면 우리는 그리스도의 나타나심(revelation)이 아니라 휴거를 기다린다. 그러나 교회는 그리스도께서 나타나시기까지 고난을 당하게 된다. 바울은 이렇게 말한다. "너희로 환난을 받게 하는 자들에게는 환난으로 갚으시고 환난을 받는 너희에게는 우리와 함께 안식으로 갚으시는 것이 하나님의 공의시니 주 예수께서 자기의 능력의 천사들과 함께 하늘로부터 불꽃 가운데에 나타나실 때에"(살후 1:6-7). 세대주의

자들에 의하면 이 핍박으로부터의 안식은 이미 휴거에서 경험된 것이며 굳이 그리스도의 나타나심(revelation)을 기다릴 필요가 없다는 것이다. 그러나 하나님의 말씀은 이것이 그리스도가 나타나실(revelation) 때 일어날 것이라고 한다.

그런데 최근에 여기 사용된 희랍어 표현이 "주 예수님께서 나타나실 때"(When the Lord Jesus shall be revealed)를 의미하는 것이 아니라, "주 예수님의 계시에"(in the revelation of the Lord Jesus)라는 의미라는, 즉 그리스도께서 나타나실 때가 아니라 그의 계시가 나타난 기간 동안이라는 논의가 있었다. 그러나 이것은 바울의 언어에 대한 매우 부자연스러운 해석이다. 전체 표현을 그렇게 바꾸어 보자. "주 예수님의 계시에…환난을 받는 너희에게는 우리와 함께 안식으로 갚으시는 것이 하나님의 공의시니." '갚으신다'(to recompense)는 동사는 두 개의 목적어를 지배한다. ① 너희로 환난을 받게 하는 자들에게는 환난으로 갚으시고, ② 환난을 받는 너희에게는 안식으로 갚으신다. 환난이나 안식으로 갚으심 모두가 '주의 계시에' 있을 것이라는 말이다. 그러므로 만일 환난이 그리스도께서 나타나실 때 주어진다면 안식도 그리스도께서 나타나실 때 주어져야만 한다. 그러므로 만일 안식을 이미 받았고 이미 누리고 있다고 말하는 것은 이 동사에 그 본문의 어의와는 다른 가정을 부여하는 것이 된다.

베드로도 같은 표현을 사용한다. 지금 우리는 그리스도의 고난에 참여하는 사람들이다. 이는 "그의 영광을 나타내실(revelation) 때에 너희로 즐거워하고 기뻐하게 하려 함이라"(벧전 4:13). 이는 불같은 시련이 그리스도가 나타나실(apocalypse) 때에야 끝날 것임을 시사한다. 더 나아가 베드로는 우리 믿음의 확실함은 "예수 그리스도께서 나타나실 때에 칭찬과 영광과 존귀를 얻"을 것이라고 말한다(벧전 1:7). 전환난설(pretribulationism)에 따르면, 이 영광과 존귀는 이미 교회의 휴거 때에 경험할 것이다. 그러나 이 구절은 그리스도의 나타나심의 목적 중 하나가 견고한 신앙을 가진 자기 백성에게 영광과 존귀를 가져다주기 위한 것임을 확언하고 있다. 마지막으로 베드로는 우리가 은혜 중에서 완전하게 되리라는 소망이 예수 그리스도가 나타나실(revelation) 때에 이루어질 것이라고 확언한다. 만일 이 두 사건이 동일한 것이라 한다면 이 구절들의 의미가 충분히 살아난다. 그러나 이 축복들이 그리스도가 나타나실(revelation) 때가 아니라 초기의 휴거 때에 주어지는 것이라면, 이 구절들은 아주 이상해지고 해석이 어려워진다. 이 두 사건을 구별할 방도는 없다. 그리스도의 나타나심이 계속해서 우리의 소망의 대상이 되어 왔다. 그러므로 휴거는 그리스도가 나타나실 때 있어야만 한다. 성경은 그 어느 곳에서도 그리스도가 나타나시기 전에 휴거가 있으리라고 말하지 않는다.

그리스도의 재림을 지칭하는 세 번째 용어는 '나타남'(manifestation)을 의미하는 '에피파네이아'(ἐπιφάνεια, epiphaneia)이다. 세대주의적 구조에 의하면 이것은 교회의 휴거나 환난이 시작될 때의 그리스도의 은밀한 임하심을 의미하는 것이 아니고, 환난 끝의 세상을 심판하시기 위해서 성도들과 함께 그리스도께서 임하시는 것(manifestation)을 의미한다. 그리고 또 사실 그런 의미로 쓰였다. 그리스도께서는 "강림하여 나타나심으로"(epiphany of his parousia) 불법한 자를 폐하실 것이기 때문이다(살후 2:8). 이 나타나심이 환난 끝에 일어날 것임은 명백하다.

그런데 이 그리스도의 나타나심(epiphany)은 그의 계시(apocalypse)처럼 신자들의 소망의 대상이다. 만일 교회가 초기 휴거 때에 그 소망이 성취되었다면 그것은 더 이상 소망의 대상이 되지 않을 것이다. 바울은 "우리 주 예수 그리스도께서 나타나실(epiphany) 때까지 흠도 없고 책망받을 것도 없이 이 명령을 지키라"고 권고한다(딤전 6:14). 그의 생애 후반에 바울은 그가 선한 싸움을 다 싸우고 그리스도의 심판대 앞에서 보상받을 것을 바란다는 확신을 표현한다. 그는 이렇게 말한다. "이제 후로는 나를 위하여 의의 면류관이 예비되었으므로 주 곧 의로우신 재판장이 그 날에 내게 주실 것이며 내게만 아니라 주의 나타나심을 사모하는 모든 자에게도니라"(딤후 4:8). 이와 같은 구절들로부터 내릴 수 있는 결론은 바울이 여기서 보상의 날로 말하고 있는 '그날'이 그리스도가 나타나시는(epiphany) 날이라는 것이다. 그러므로 그리스도인들이 그들의 환난으로부터 놓이는 날이 기독교 소망의 대상이 된다. 그리고 그날은 신자들이 보상을 받는 날이 된다. 세대주의자들은 이 보상의 심판을 휴거와 그리스도의 나타나심(revelation) 사이에 놓는다. 그러나 성경은 그것을 환난이 끝날 때 있을 그리스도의 나타나심(revelation)과 동일한 그리스도의 임하심(epiphany) 때에 놓는다.

이런 사상은 디도서 2:13-14과 밀접한 관련이 있다. "복스러운 소망과 우리의 크신 하나님 구주 예수 그리스도의 영광이 나타나심을 기다리게 하셨으니 그가 우리를 대신하여 자신을 주심은 모든 불법에서 우리를 속량하시고 우리를 깨끗하게 하사 선한 일을 열심히 하는 자기 백성이 되게 하려 하심이라." 교회의 복된 소망은 하나님 구주 예수 그리스도의 영광의 나타나심(epiphany)이다.

만일 우리가 공중으로 끌어 올려져 그리스도와 만나게 되는 교회의 휴거가 그의 나타나심(apocalypse)과 그의 임하심(epiphany)과 오랜 시간적 차이를 가지고 있다면 이것은 아주 이상한 말이 된다. 왜냐하면 그런 세대주의에 의하면 환난 끝에 그리스도께서 임하심은 성도들에 대한 보상이나 의로운 자의 구원과는 아무런 상관이 없기 때문이다. 죽은 자들은 이미 일으킴받았으며 산 자들 또한 모두 부활체로 변화되었다. 또한 행위에 대한 심판이나 신실한 자에 대한 그리스도의 보상은 이미 시행되었기 때문이다. 그러므로 환난 끝에 그리스도가 나타나심(apocalypse and epiphany)은 구원을 위해서가 아니라 심판을 위한 것이 된다. 그러나 하나님의 말씀에 의하면, 이 그리스도의 나타나심(epiphany)은 우리의 복된 소망이다. 그때가 우리가 보상받을 때이며, 모든 불법에서 구속되고 정화되어 하나님의 완전한 소유가 될 때이며, 그리스도와의 교제 가운데 있는 완전한 연합에 이를 때이다. 그렇다면 교회의 휴거는 7년 환난 전이 아니라, 그리스도가 나타나실(epiphany) 때에 일어날 것으로 보이지 않는가?

이렇게 사용된 용어를 살펴본 사람은 누구나 '파루시아'나 '아포칼립시스', 그리고 '에피파네이아' 사이에 아무런 차이가 없다는 것을 발견할 것이다. 그것들은 하나이며 같은 사건이다. 더 나아가 이미 앞서 시사한 대로, '파루시아'가 '함께 있음'(현존, presence)을 의미하고, 따라서 교회의 휴거를 위해 오시는 때로부터 시작되는 모든 기간을 포괄한다는 논의가 있다고 해도, '아포칼립시스'나 '에피파네이아'와 같은 말의 성경 용법을 살펴보면 그리스도의 나타나심(revelation)은 단지 심판만을 위한 것이 아님이 명백하다. 오히려 그 사건이 일어나는 것은 그리스도의 재림으로 완전한 구원의 축복에 들어가게 될 신자들의 소망이 실현될 날이기도 한 것이다.

그러므로 우리는 교회의 휴거와 그리스도의 나타나심(revelation)을 나누는 것과 관련해서, 하나님 말씀은 전혀 그런 말을 하고 있지 않으며, 그리스도의 재림과 관련된 용어들과는 전혀 관계없는 추리일 뿐이라고 결론지을 수 있다. 오히려 추론해 낸다면 그 용어들은 다음과 같은 내용을 시사한다. 즉, 그리스도의 나타나심(revelation)은 휴거와 같이 신자들이 주님과의 극치의 교제로 들어가며 주님께로부터 새 보상을 받는, 성도의 구원의 날이다. 따라서 파루시아, 아포칼립시스, 에피파네이아는 한 사건으로 일어난다.

그리스도의 재림을 두 부분으로 나누는 것은 증명될 수 없는 추론일 뿐이다. 그리스도의 재림을 두 사건이나 두 개의 부분으로 나누려고 하는 시도에 대해서 세대주의자들도 어려움을 느끼고 있음은, 최근에 어떤 세대주의자가 교회를 위한 은밀한 그리스도의 임하심은 그리스도의 재림이 아니라고 주장한 데에서 잘 나타난다. 이 견해는 그리스도의 귀환(return)과 재림(second coming)을 구분하는 것이다. 그러나 이는 완전히 잘못된 구분이다. 성경에서 그리스도의 재림을 묘사한 용어에서는 이에 대한 아무런 근거도 찾을 수 없다. '귀환'이라든지 '재림'이라는 말은 정확히 말하자면 그에 상응하는 희랍어를 가진 성경 용어가 아니다. 그리고 '귀환'이나 '재림'은 그 개념상 아무런 차이가 없다. 그러므로 이 둘을 나누려고 하는 것은 인위적이고 불가능한 구분을 시도하는 것이다. 그리스도의 '강림'(parousia)은 그의 귀환(return)이고, 그의 귀환은 그의 임하심(coming)이며, 그의 임하심은 그의 재림(second advent)인 것이다.

우리 주님의 재림을 지시하는 데 사용된 용어들은 그리스도의 재림이 둘이라거나, 그 재림이 두 가지 면(two aspects)을 가지고 있다는 개념을 전혀 지지하지 않는다. 오히려 성경 용어들은 그리스도의 재림이 단일하며 나뉠 수 없으며 영광스러운 사건임을 확언해 준다.

06

적그리스도와 대환난

　우리 주님의 사역의 중심은 사탄의 세력과의 맹렬한 투쟁에 있음을 살펴보았다. 감람산 강화에서 예수님께서는 제자들이 이 세대에 성행할 사탄의 세력에 어려움을 당할 것을 분명히 하셨다. 예수님께서 사탄에게 치명타를 가하셨음에도 불구하고 그리스도 재림 전까지는 하나님 나라가 사탄의 나라를 완전히 정복하지는 않을 것이다. 사실 하나님께서 그리스도 안에서 역사 안으로 침입해 오셨음에도 불구하고, 또한 예수님의 제자들이 온 세상을 복음화하는 것이 그들의 사명임에도 불구하고(마 24:14) 세상은 끝까지 악할 것이다. 전쟁과 싸움, 그리고 핍박은 계속된다. 불법이 성행하여 많은 사람의 사랑이 식어진다. 그리고 이 시대 끝에 적그리스도의 출현으로 하나님 나라와 사탄 나라의 투쟁은 그 절정에 이를 것이다.

적그리스도의 개념은 성경 중 다니엘서에서 처음으로 명백하게 나타났다. 적그리스도의 나타남은 주전 168년 초에 일어난 일련의 사건에서 그 전조가 보이는 듯했다. 유대인들이 바벨론에서 귀환한 후에 이스라엘은 남으로는 이집트, 북으로는 시리아의 완충국이 되었다. 이집트의 프톨레마이오스(Ptolemies)나 시리아의 셀루커스(Seleucids)는 알렉산더 대왕의 후예인 희랍인들이었다. 그런데 주전 168년에 팔레스타인이 시리아 셀루커스의 지배하에 놓이게 되었다. 그들의 왕인 안티오커스 에피파네스(Antiochus Epiphanes)는 유대인들을 헬레니즘적 문화에 동화시키려고 노력했다. 그는 전국에 사자들을 파견해서 유대 종교는 법률로 금지하며 구약의 사본들을 없애야 한다고 선포하고, 예루살렘 성전 제단에서 돼지를 잡아 희생제로 드리며, 이 성전을 희랍의 한 신에게 재봉헌하는 일들을 했다. 마카비 1서는 이 사건을 생생하게 기록하며 성전 제단의 타락을 다니엘서의 '멸망의 가증한 것'과 동일시하여 말하고 있다.

다니엘서 11장은 이 사건을 언급하고 있다(이 언급이 어떤 것이냐에 대한 해석에 따라 조지 래드의 다니엘서 연대 이해에 대한 논란이 있을 수 있음을 유의하라. - 역주). 3-4절은 알렉산더 대왕과 그 왕국이 네 부분으로 분열됨을 언급한다. 5-20절은 남방(이집트) 왕과 북방(시리아) 왕이 거룩한 땅을 차지하기 위해 벌이는 전쟁을 말하고 있다.

그리고 21-35절은 안티오커스 에피파네스의 등장과 그의 유대인 핍박을 언급한다.

그러나 36절에서는 주어가 안티오커스로부터 그가 표상 노릇을 하는 적그리스도에게로 넘어간다. "그 왕은 자기 마음대로 행하며 스스로 높여 모든 신보다 크다 하며 비상한 말로 신들의 신을 대적하며 형통하기를 분노하심이 그칠 때까지 하리니"(11:36). 이것은 안티오커스가 행했던 일을 훨씬 넘어서는 것이다. 그는 단지 유대인들을 희랍 신의 경배자로 만들려고 했다. 그러나 적그리스도는 "(그가) 모든 것보다 스스로 크다 하고 그의 조상들의 신들과…어떤 신도 돌아보지"(11:37) 않는다. 여기서 적그리스도의 근본적 성격이 드러난다. 그는 스스로를 높여 모든 신적 능력의 담지자라 하며 자기를 경배하는 자들에게 '보상'을 한다.

이 적그리스도 개념은 다니엘 7:25에서 다시 나타난다. "그가 장차 지극히 높으신 이를 말로 대적하며 또 지극히 높으신 이의 성도를 괴롭게 할 것이며." 다니엘서에 대한 언급을 끝마치기 전에 우리는 세대주의자들이 적그리스도에 대한 것이라고 애용하는 구절을 살펴보아야 할 것이다. 그것은 다니엘 9:24-27이다. 그 중 핵심 구절은 27절이라 할 수 있다.

네 백성과 네 거룩한 성을 위하여 일흔 이레를 기한으로 정하였나니 허물이 그치며 죄가 끝나며 죄악이 용서되며 영원한 의가 드러나며 환상과 예언이 응하며 또 지극히 거룩한 이가 기름 부음을 받으리라 그러므로 너는 깨달아 알지니라 예루살렘을 중건하라는 영이 날 때부터 기름 부음을 받은 자 곧 왕이 일어나기까지 일곱 이레와 예순두 이레가 지날 것이요 그 곤란한 동안에 성이 중건되어 광장과 거리가 세워질 것이며 예순두 이레 후에 기름 부음을 받은 자가 끊어져 없어질 것이며 장차 한 왕의 백성이 와서 그 성읍과 성소를 무너뜨리려니와 그의 마지막은 홍수에 휩쓸림 같을 것이며 또 끝까지 전쟁이 있으리니 황폐할 것이 작정되었느니라 그가 장차 많은 사람들과 더불어 한 이레 동안의 언약을 굳게 맺고 그가 그 이레의 절반에 제사와 예물을 금지할 것이며 또 포악하여 가증한 것이 날개를 의지하여 설 것이며 또 이미 정한 종말까지 진노가 황폐하게 하는 자에게 쏟아지리라 하였느니라 하니라 (단 9:24-27).

세대주의자들은 이 구절을 적그리스도와 이스라엘에 대한 관계로 해석한다. 이스라엘이 언젠가 한 민족으로서 나라를 이루어 팔레스타인에 귀환하여 성전을 재건하고 희생제 제도를 다시 시행하게 될 것이라고 가정한다. 적그리스도는 7년 동안 계속될 언약을 이스라엘과 맺을 것이나 (하루는 1년으로 산정됨), 그 7년 기간 중에 그는 그 언약을 깨고서 예루살렘에서의 희생제를 금지하고 유대인들에 대한 무시무시한 핍박을 시작하게 될 것이라고 한다. 이런 세대주의적 해석은 그들의 종말론 체계에 있어서 아주 핵심적인 것이다.

그러나 이 해석이 옳다고 하기는 어렵다. 많은 복음주의 학자들은 이 구절의 용어가 종말론적인 것이기보다는 오히려 메시아적 해석에 잘 맞는다고 믿는다. 이 구절은 "허물이 그치"게 하시려는 하나님의 구속 경륜을 드러낸다. 즉, 이제는 더 이상 죄가 조금이라도 존재하지 않도록 죄를 막고 없애 버리려는 계획이다. "죄가 끝나며 죄악이 용서되며", 이는 십자가에서 예수님의 죽으심으로 이루어진다. "영원한 의가 드러나며", 이는 그 아들의 죽으심에 대해서 하나님께서 선물로 주실 의이다. "환상과 예언이 응하며", 이 말은 예수님께서 구약 시대를 끝내셨다는 뜻이며, "지극히 거룩한 이가 기름 부음을 받으리라"는 말은 메시아가 하나님의 신으로서 기름 부음을 받으리라는 말이다.

26절의 기름 부음 받은 자가 끊어짐을 그리스도의 죽으심과 그의 완전한 거절당함으로 이해할 수 있는 충분한 이유가 있다. 이 구절은 계속해서 메시아가 죽을 때 그 성읍의 운명이 어떠한지를 묘사한다. "장차 한 왕의 백성이 와서 그 성읍과 성소를 무너뜨리려니와", 이 말은 주후 70년 티투스 베스파시안(Titus Vespasian)에 의한 예루살렘과 그 성전의 완전한 파멸을 가리키는 것일 수 있다. 또 "끝까지" 전쟁과 황폐가 계속될 것이다.

27절의 말씀, "그가 장차 많은 사람들과 더불어 한 이레(a week) 동안의 언약을 굳게 맺고"라는 구절은 주어가 명백하지 않다. 세대주의자들은 적그리스도를 주어로 본다. 그러나 구약 본문의 용어는 단순한 언약을 뜻하는 일반적인 용어가 아니다. 문자적으로 옮겨 보면 다음과 같이 읽을 수 있다. "그가 언약을 융성케 할 것이다."(He shall cause the covenant to prevail.) 그래서 메시아적 해석은 이 문장의 주어를 이미 존재하던 언약을 확언하고 성취할, 그래서 그 언약의 용어와 조건을 더 명백하게 하실 그리스도로 본다. 이 언약은 아브라함과 맺으신 것으로, 예수님의 피로 이루실 언약이다(갈 3:17). 그의 죽으심으로 그는 "제사와 예물을 금지할" 것이다. 그의 죽으심으로 유대교의 희생제 제도는 끝이 났다(히 8:13). 메시아의 죽으심의 결과로서 황폐케 하는 자(로마의 장군, 티투스)가 증오의 날개를 달고 나타난 것이다. 이 '날개'란 성전 꼭대기를 말하고(눅 4:9), 휘장이 찢어진 후로(막 15:38) 성전 안에도 더 이상 구약적으로 하나님의 경륜을 시행할 장소가 없으며(히 10:8-18), 가증한 것이 되고 주께서 받으실 만한 것이 되지 못할 것이다. 이 말 속에 성전의 완전한 파멸이 암시되어 있다. 이 파멸의 상태는 하나님께서 미리 정하신 종말의 날까지, 그 절정의 날까지 황폐함 위에 계속될 것이다. (즉, 예루살렘과 성전 파멸의 잔재 위에 퍼부어질 것이다.)

이제 신약으로 눈을 돌리면 가장 먼저 마태복음 24장, 마가복음 13장, 그리고 누가복음 21장에 기록된 소위 감람산 강화에서 적그리스도 개념을 발견할 수 있다. 여기서는 주로 마태복음을 중심으로 우리의 논의를 한정하기로 한다.

제자들은 예수님께 언제 성전이 파괴될 것이며, 그의 재림과 세상 끝의 징조는 무엇이냐고 묻는다. 마태는 주로 이 정도까지만 관심을 가진다. 누가는 로마 군대에 의한 예루살렘의 멸망에까지 관심을 기울인다(눅 21:20을 보라). 그러나 희랍 왕 안티오커스 에피파네스의 출현이 종말론적 적그리스도의 표상으로 표현된 다니엘서와 같이, 성전을 멸망시키기 위해 티투스 장군 휘하의 로마 군대가 출현한 것도 역시 종말론적 적그리스도의 모형인 것이다.

마태복음 24장은 세 부분으로 나뉜다. 먼저 3-14절은 마지막 때에 있을 시대의 특성을 묘사한다. 주된 주제는 그리스도가 재림하실 때 하나님 나라가 극치에 이른다는 것이다. 이때까지의 시대의 과정을 특징짓는 것은 전쟁과 기근과 지진, 메시아를 사칭하는 많은 사람들이다. 우리가 이미 살펴본 대로 이 시대는 "악한 세대"이고(갈 1:4), 사탄이 이 세상의 신이다(고후 4:4). 그러나 이런 사건들은 그것으로 마지막의 가까움을 산정할 수 있게 하는 표적임을 의미하지 않는다. 이런 표적들이 따르겠으나 "아직 끝은 아니다"(마 24:6). 이 모든 악한 일들은 "재난의 시작"이다(마 24:8).

마지막 시대를 특징짓는 이런 악한 일들과 함께 예수님의 제자들은 핍박을 당할 것이다. "그때에 사람들이 너희를 환난에 넘겨주겠으며 너희를 죽이리니 너희가 내 이름 때문에 모든 민족에게 미움을 받으리라"(마 24:9). 예수님을 따르는 자들은 예수님께서 받으신 것과 동일한 취급을 받게 될 것이다. "제자가 그 선생보다, 또는 종이 그 상전보다 높지 못하나니 제자가 그 선생 같고 종이 그 상전 같으면 족하도다 집 주인을 바알세불이라 하였거든 하물며 그 집 사람들이랴"(마 10:24-25). "세상에서는 너희가 환난을 당하나 담대하라 내가 세상을 이기었노라"(요 16:33).

그러나 이 시대가 완전히 악한 세대인 것만은 아니다. "이 천국 복음이 모든 민족에게 증언되기 위하여 온 세상에 전파되리니 그제야 끝이 오리라"(마 24:14). 이 악한 일과 세상의 푸대접에도 불구하고 예수님의 제자들은 온 세상에 하나님 나라가 임했다(마 12:28)는, 그리고 앞으로 권능과 영광으로 그 절정에 이를 것이라는 복음을 선포할 것이다.

어떤 성경학자들은 이 구절이 교회에는 속하지 않고, 대환난 시에 구원될 유대인 남은 자들에게만 해당한다고 가르친다. 그러나 이런 해석은 본문에 자신들의 사상을 넣어 읽는 것이지 본문에서는 그런 의미가 발견되지 않는다.

마태복음 24장의 둘째 부분인 15-28절에서는, 예수님께서 마지막에 있을 일을 말씀하신다. 먼저 그는 매우 어려운 말로 적그리스도를 말씀하신다. "그러므로 너희가 선지자 다니엘이 말한바 멸망의 가증한 것이 거룩한 곳에 선 것을 보거든 (읽는 자는 깨달을

진저)"(마 24:15). 이 말씀은 안티오커스 에피파네스가 예루살렘 성전에서 행한 신성 모독을 지시하는 다니엘 11:31로부터 취하신 말씀이다(본 장의 앞부분을 참조하라). 우리는 누가복음 21:20에 나타나는 병행 구절로부터 이것이 주후 70년 로마 군대에 의해서 예루살렘이 파멸되는 것, 그래서 성전 구역에 가증한 이교의 기(旗)가 휘날릴 것을 말한 것임을 알 수 있다. 그뿐 아니라 이 본문은 안티오커스나 로마가 그 모형인, 마지막 때의 종말론적인 적그리스도에 대해 말하고 있다. 그가 "거룩한 곳(서지 못할 곳)에 선 것"이란 말은 그가 사람들의 숭배를 요구한다는 의미이다. (잠시 후에 설명할 데살로니가후서 2장에 관한 분석을 보라.)

적그리스도의 출현은 예수님을 따르는 자들에게 가공할 박해를 몰고 올 것이다. "이는 그때에 큰 환난이 있겠음이라 창세로부터 지금까지 이런 환난이 없었고 후에도 없으리라"(마 24:21). 바로 이 말씀에서 '대환난'(Great Tribulation)이란 말이 나왔다. 여기서 주목해야 할 점은 그것은 성격상 전혀 새로운 것이 아니라는 점이다. 예수님께서는 이미 제자들에게 그들이 세상에서 핍박을 받고 환난을 당할 것이라고 말씀하셨다. 사실 예수님께서 당신의 제자들에게 하신 가장 핵심적인 요구는 그들이 자신의 십자가를 기꺼이 져야 한다는 점이다. "또 자기 십자가를 지고 나를 따르지 않는 자도 내게 합당하지 아니하니라"(마 10:38), 그리고 "누구든지 나를 따라오려거든 자기를 부인하고 자기 십자가를 지고 나를 따를 것이니라"(마 16:24)라는 이 구절의 의미는 명백하다. 왜냐하면 "누구든지 제 목숨을 구원하고자 하면 잃을 것이요 누구든지 나를 위하여 제 목숨을 잃으면 찾으리라"(마 16 :25)라고 하셨기 때문이다. (비록 그렇기는 하지만) 십자가는 단순히 부담스러운 것이 아니라, 가장 먼저는 사형 수단이다. 예수님께서는 자신을 따르는 자들에게, 자신이 그랬던 것처럼 그들도 생명을 버려야 한다고 요구하신다. 즉, 그들도 예수님께서 수난을 당하신 것처럼 고생을 감수할 준비를 해야만 한다는 것이다. 세상과 예수님의 제자들은 더할 수 없는 원수 관계에 놓여 있다.

사실 우리는 이 나라(래드의 경우엔 미국 - 역주)에서, 또한 이 나라의 많은 도시에서 별로 핍박을 경험하지 않는다. 오히려 어떤 교회의 교인으로 있는 것이 사업과 사회적 지위를 위해 도움이 되기도 한다. 이 사실은 많은 그리스도인들로 하여금 하나님께서는 자신의 백성이 그렇게 혹독한 핍박을 당하도록 하지 않으시리라는 감정으로 빠져들어 가도록 우리를 속이는 것이다. 그래서 세대주의자들은 대환난이 시작되기 전에 휴거로써 교회는 세상에서 들어 올림을 받을 것이라는 '환난 전 휴거'(pretribulation rapture)의 교리를 강력히 주장하는 것이다. 필자는 책 한 권에서 온통 이 주제를 다룬 적이 있다(Ladd, *The Blessed Hope*, Eerdmans, 1956). 그 책에서 나는 그리스도인의 소망은 환난으로부터 피하는 것이 아니라 "우리의 크신 하나님 구주 예수 그리스도의 영광이 나타나심"(딛

2:13)이라는 점을 명백히 했다. 이 책에 반응하여 왈부르드(Dr. John Walvoord)는 이렇게 썼다. "성경의 명백한 가르침은 환난 전 휴거설도 아니고 환난 후 휴거설도 아니다. 성경은 그 어느 것에 대해서도 그렇게 많이 말하지 않는다."(John Walvoord, *The Rapture Question*, Durham, 1957, p. 148. 이 말은 내가 받은, 존 왈부르드 책의 사본에서 인용한 것이다. 그러나 막상 출판된 책에서는 이 내용이 삭제되었다.)

어찌 되었든지 간에, 예수님께서는 그의 모든 제자들에게 이 세상에서 환난과 핍박을 받을 것임을 가르치셨다는 것은 명백하다. 사실 요한의 형제 야고보는 최초로 순교당한 첫 사도이다(행 12:2). 그리고 믿을 만한 전승에 의하면 베드로도 후에 로마에서 네로에 의해 십자가에서 처형되었다고 한다. 평상시의 그리스도인들이 세상에서 감당하고 있는 정상적인 역할과 대환난 시에 감당할 역할 사이의 유일한 차이는 그 핍박의 강도에 불과하다. 근본적으로 핍박을 받아야 한다는 사실은 달라지지 않는다. 예수님께서도 이렇게 말씀하셨다. "그날들을 감하지 아니하면 모든 육체가 구원을 얻지 못할 것이나 그러나 택하신 자들을 위하여 그 날들을 감하시리라"(마 24:22). 하나님께서는 가장 가혹한 시련기에도 그분의 백성을 돌아보실 것이다.

누가복음에서는 이것이 다른 식으로 표현되었다. 그리스도의 재림 전 시대의 성격을 묘사하면서 누가는 이렇게 말한다. "심지어 부모와 형제와 친척과 벗이 너희를 넘겨주어 너희 중의 몇을 죽이게 하겠고…(그러나) 너희 머리털 하나도 상하지 아니하리라"(눅 21:16-18). 머리가 베어지는데 어찌 머리털이 상하지 않겠는가? 그 의미는 이런 것이다. "몸은 죽여도 영혼은 능히 죽이지 못하는 자들을 두려워하지 말고 오직 몸과 영혼을 능히 지옥에 멸하실 수 있는 이를 두려워하라"(마 10:28). 영원의 관점에서는 내가 얼마나 오래 사는지, 언제 어떻게 내 몸이 죽게 될지는 중요하지 않다. 중요한 것은 예수 그리스도와 내 영혼의 관계이다. 그러므로 하나님께서는 혹독한 박해와 순교의 시간에서조차 우리의 (영적) 안전을 지키실 것이다.

마태복음 24장의 셋째 부분인 29-35절은 우리가 흔히 그리스도의 재림이라고 이야기하는, 인자가 하늘 구름을 타고 올 것을 말씀하신다. 그것은 피조계의 근본을 흔들어 버릴 우주적인 사건일 것이다. 하늘 인자가 임하신다는 가르침의 핵심은, 하나님 나라를 세우는 것은 사람도 역사도 아니라는 점이다. 역사는 최후까지 그 역할을 다한다 해도 결국 하나님 나라와 세상의 갈등을 증언하고 말 것이다. 그리고 그것은 핍박과 환난으로 명백해질 것이다. 오직 역사의 피안에서 역사 안으로 돌파해 들어오는 하나님의 우주적 행위만이 그의 나라를 세우실 것이다.

그때에, "그가 큰 나팔 소리와 함께 천사들을 보내리니 그들이 그의 택하신 자들을 하늘 이 끝에서 저 끝까지 사방에서 모으리라"(마 24:31). 이것이 일반적으로 교회의 '휴거'라고 불리는 것이다. 바울도 말은 좀 다르지만 같은 사상을 표현한다. 마태복음에서는 언급되어 있지 않은, 죽은 성도들의 부활 직후에 "(그 후에) 우리 살아남은 자들도 그들(부활한 자들)과 함께 구름 속으로 끌어올려 공중에서 주를 영접하게 하시리니"(살전 4:17)라는 말씀을 보라. 이와 같은 어근을 가진 말이 마태복음 24:31에 사용되었고 ('모으리라'), 데살로니가후서 2:1에서도 사용되었다('우리가 그 앞에 모임' 또는 '그를 만나기 위해 모임').

여기서 주목할 만한 점은 마태복음 24장에 언급된 그리스도의 재림이 환난 후에 있을 인자의 영광스러우신 임하심뿐이고 '휴거'에 대한 것도 사방에서 선택된 자들을 모으시는 것뿐이라는 사실이다. 여기에는 그리스도께서 환난 전에 임하신다든지 교회의 휴거가 대환난 전에 있을 것이라는 시사가 전혀 없다. 이 모든 사건은 명백히 환난 후에 일어난다. 그러므로 교회를 휴거시키기 위한 그리스도의 은밀한 임하심을 대환난 전 어디쯤에 배치하는 환난 전 휴거론자들은 마태복음 24장의 본문에 자신들의 사상을 넣어 읽는 것이다. 이 본문 자체는 그런 사건에 대해 전혀 무관심하다.

적그리스도를 다룬 또 하나의 구절은 데살로니가후서 2장에 있는 매우 어려운 구절이다. 데살로니가전서에서 바울은 죽은 성도를 살리고, 살아 있는 성도들과 함께 휴거시키는 그리스도의 재림을 말한 바 있다. 그는 자신이 첫 편지에서 그렇게 언급한 것을 상기시키면서 데살로니가후서 2장의 말문을 이렇게 열고 있다. "우리가 너희에게 구하는 것은 우리 주 예수 그리스도의 강림하심과 우리가 그 앞에 모임에 관하여"(살후 2:1). 그리고 그는 덧붙이기를, "먼저 배교하는 일이 있고 저 불법의 사람 곧 멸망의 아들이 나타나기 전에는 (그날이) 이르지 아니하리니"(살후 2:3)라고 했다. 이것은 문자 그대로 아주 명백하다. 그리스도의 재림과 교회의 휴거 전에는 반드시 하나님께 대한 큰 반역과 불법의 사람 곧 적그리스도의 출현이 있어야 하는 것이다.

여기에 다니엘서나 복음서에서는 나타나지 않은 적그리스도에 대한 계시의 양상이 몇 가지 있다. 그는 '불법(lawlessness)의 사람'이다. 그는 자신의 법 외에는 하나님의 법도 모두 반대한다. 우리는 이런 현상을 현대의 전체주의 국가에서 볼 수 있다. 그 적그리스도는 사탄으로부터 강력한 힘을 부여받고 큰 이적과 기사를 행하며 나타날 것이다. 그리고 그는 하나님께 대항하는 '반역자'인 많은 추종자들의 지지를 받게 될 것이다. 흠정역은 이 말을 '배도'(apostasy)라고 번역했으나, 이것이 꼭 기독교회 내에서 일어나는 큰 배교를 의미한다고 생각할 이유는 없다. 그는 하나님을 대적하고 "신이라고 불리는 모든 것과 숭배함을 받는 것에 대항하여" 그 위에 자기를 높일 것이다(살후 2:4). 그 말은 그가 자신의 추종자들에게 정치적 지지를 요구할 뿐 아니라, 보편적인 종교적 숭배도 같이 요구할 것이라는 말이다. 이것은 다음과 같은 진술로 보아도 명백하다. "(그가) 하나님의 성전에 앉아 자기를 하나님이라고 내세우느니라"(살후 2:4). 그 정확한 의미를 찾기는 어렵다고 해도 대강의 의미는 명백하다.

세대주의자들은 이것이 예루살렘의 유대교 성전 재건을 의미하며, 이에 대해 적그리스도가 유대인들과 맺은 언약을 파기하고 자신을 숭배할 것을 요구하리라고 주장한다. 그러나 이 말은 그렇게 문자적으로 해석하여 그 의미를 알 수 있는 것이 아니다. 구약 성경은 하늘을 하나님의 보좌로 본다. "여호와께서 이와 같이 말씀하시되 하늘은 나의 보좌요 땅은 나의 발판이니"(사 66:1; 참고, 미 1:2). "오직 여호와는 그 성전에 계시니 온 땅은 그 앞에서 잠잠할지니라"(합 2:20). 이사야 14:13에는 하나님의 하늘 보좌의 대권을 어떤 독재자가 스스로 주장했다는 개념이 있다. "네가 네 마음에 이르기를 내가 하늘에 올라 하나님의 뭇 별 위에 내 자리를 높이리라 내가 북극 집회의 산 위에 앉으리라 가장 높은 구름에 올라가 지극히 높은 이와 같아지리라 하는도다"(사 14:13-14). 이런 배경에서 데살로니가후서에 사용된 용어는 불법의 사람이 하나님의 자리를 찬탈하고, 하나님 대신 자신을 경배하도록 사람들에게 요구하리라는 것을 은유적으로 표현한 것이다.

데살로니가후서 2:6-7에 있는 사상은 아주 어렵다. "너희는 지금 그로 하여금 그의 때에 나타나게 하려 하여 막는 것이 있는 것을 아나니 불법의 비밀이 이미 활동하였으나 지금은 그것을 막는 자가 있어 그중에서 옮겨질 때까지 하리라." 사람으로 나타난 불법의 사람을 막는 어떤 정사(principle, 즉 어떤 천사)가 있다는 것이다. 그러므로 불법의 사람이 나타나도록 하려면, 이 '막는 것'은 반드시 길을 비켜 주어야만 한다는 것이다.

세대주의자들은 이 정사는 적그리스도가 나타나기 전 교회가 휴거될 때 세상에서 물러나실 성령이라고 주장한다. 그러나 세대주의자들은 환난 시기가 많은 이방인들이 회개하고 구원을 얻는 때가 될 것이라고도 주장하고 있으므로, 이것이 성령을 말한다고 믿기가 어렵다.

아주 만족스러운 전통적 해석은 이 막는 세력이, 로마 황제를 그 머리로 하는 로마 제국에 실현된 법과 질서의 원리(the principle of law and order)라는 해석이다. 바울은 로마서 13:1-7에서 말하기를 이런 관원들이 하나님이 세우신 바 된 기관이라고 한다. 하나님께서 세우신 통치 기관의 기능은 선한 행위에 보상을 하고 악을 징벌하는 것이다. 그런 점에서 통치자는 "하나님의 사역자가 되어…선을 베푸는 자"이다(롬 13:4).

이 원칙은 바울 자신의 경험에서 실증될 수 있다. 그는 분노한 유대 군중으로부터 여러 번 로마 관원의 선한 힘으로 구출된 바 있다. 그중 가장 중요한 사례가 고린도에서 일어난 일이다. 갈리오가 로마의 지방 총독으로 고린도에 왔을 때, 유대인들은 갈리오를 시험할 기회를 찾았다. 그들은 바울을 재판 자리로 끌고 와서 바울이 유대인들을 그들의 종교적 규례에서 떠나게 만든다고 고소했다. 바울이 자신을 변호하고자 할 때에 갈리오는 이렇게 말한다. "너희 유대인들아 만일 이것이 무슨 부정한 일이나 불량한 행동이었으면 내가 너희 말을 들어주는 것이 옳거니와 만일 문제가 언어와 명칭과 너희 법에 관한 것이면 너희가 스스로 처리하라 나는 이러한 일에 재판장 되기를 원하지 아니하노라." 그리고 그들을 재판 자리에서 쫓아냈다(행 18:14-16).

만일 국가가 이렇게 올바르게 행하면 이는 하나님께서 세우신 기관으로서의 기능을 잘 감당하는 것이다. 이와 대립되는 모습이 데살로니가후서의 불법의 원칙에서 나타난다. 즉, 국가가 스스로나 그 지도자들을 신격화해서 더 이상 율법과 질서의 수단으로서의 역할을 하지 않고, 하나님을 폐위하고 사람에 대한 숭배를 요구하는 전체주의 체제가 된다는 것이다. 그런 나라에서는 사람이 악을 행한다고 벌을 받는 것이 아니라, 오히려 선행을 한다는 이유로 벌을 받는다.

여기서 바울은 장차 법의 통치가 사라지고, 정치 질서가 사라지며, 그것이 더 이상 불법을 제거하는 일을 할 수 없게 될 날을 바라보고 있는 것이다. 그때에는 혼돈의 세력에 대항하도록 세우심을 받은 모든 기구들이 완전히 파괴된다. 이것은 신적 질서를 폐지하고 국가를 신격화하는 것으로 이해할 수 있다. 질서의 원칙과 불법의 원칙이 한 국가 안에서 동시에 작용할 수도 있다. 이들 두 원칙은 어느 기간 동안 계속해서 갈등하게 될 것이다. 그러다가 그 마지막에 법과 질서가 폐지되고, 마귀적 불법이 세워지고, 교회는 일정한 기간 동안 무시무시한 악을 경험하게 될 것이다. 그러나 이는 그리스도의 재림으로 곧 끝날 것이다.

그 동일한 적그리스도 상(像)이 요한계시록 13장의 짐승에서도 발견된다. 바울이 전도 여행을 하는 동안에는, 우리가 위에서 본 대로, 로마 제국은 옳은 통치자의 역할을 했다. 그러나 네로 황제 때에 상황이 급변해서, 그리스도인들은 일정 기간 동안 혹독한 박해를 경험했다. 국가가 신적 기관이 아니라 사탄적 국가가 되어 버린 것이다. 요한계시록 13장에는 이중의 성취가 있다. 다니엘이 희랍의 안티오커스와 종말론적 적그리스도를 겹쳐 보고 있듯이, 감람산 강화에서 우리 주님께서 예루살렘의 파멸과 종말론적 적그리스도를 같이 보듯이, 요한계시록 13장은 먼저 로마 제국을, 그런 다음에 로마를 넘어 종말론적 적그리스도를 묘사하고 있다.

데살로니가후서에서처럼 사탄은 짐승 배후의 세력으로 나타난다. 사실 짐승은 용 곧 사탄(계 12:17)의 부르심에 응해서 바다에서 일어난다. 우리는 여기서 이 짐승에 관해 세세히 말할 수는 없다. 그러나 이 짐승이 사탄에게서 세력을 받는다는 것 외에도 이 짐승의 주된 목적은 사람의 경배를 요구하는 것임을 주목해야만 한다(계 13:4).

이에 덧붙여서 짐승은 권세를 받아 성도들과 싸워 이기게 된다 (계 13:7). "또 권세를 받아 성도들과 싸워 이기게 되고 각 족속과 백성과 방언과 나라를 다스리는 권세를 받으니 죽임을 당한 어린 양의 생명책에 창세 이후로 이름이 기록되지 못하고 이 땅에 사는 자들은 다 그 짐승에게 경배하리라"(계 13:7-8). 여기서 문제는 명백해진다. 사람이 누구 편에 서려 하는가? 그는 그리스도에게 속하는가, 아니면 적그리스도에게 속하는가? 짐승이 '이기는' 상황, 즉 그에게 경배하지 않는 자는 누구든 죽일 수 있는 권세를 짐승이 가진 상황에서 말이다.

그러나 여기에 또 다른 면이 있다. 15장에서 요한은 하나님의 보좌 앞 유리 바다 가에 서서 하나님의 거문고를 가지고 찬양하는 순교자들을 본다. 이들은 "짐승과 그의 우상(image, 상)을…이기고 벗어난 자들"이다(계 15:2). 짐승은 그들을 이기고 죽였으나 그들은 죽음으로써 짐승을 이긴 것이다. 왜냐하면 순교자들은 죽기까지 그리스도를 부인하지 않았기 때문이다. 이것은 그들의 (순교의) 승리이다. 환난 중에서도 그리스도께 충성한 것이다.

여기에 요한계시록에만 계시된 대환난의 특이한 일면이 있다. 그때는 짐승과 그 숭배자들에게 하나님의 진노가 쏟아 부어지는 때이다. 이것이 요한계시록에서 상징적인 언어로 표현되었다. 계속해서 일곱 나팔 소리가 있고, 일곱 대접 혹은 진노의 그릇이 사람 위에 부어진다. 그 나팔과 대접마다 담긴 각기 다른 재앙이 사람들에게 부어진다.

그 환난 직전에 요한은 두 집단의 사람들을 본다. 첫 번째 집단은 이스라엘 열두 지파에서 각기 일만 이천 명씩 나온 십사만 사천 명이다. 그들은 그 이마에 하나님의 표를 받은 사람들이다(참고, 계 7:3-9; 역주). 반면에 짐승을 경배하는 자는 그 오른손이나 이마에 표를 받는다(계 13:16). 십사만 사천 명은 하나님의 진노에서 보호받도록 인을 받은 것이다. 이것은 아주 인상적으로 두 번이나 진술되었다. 다섯째 나팔 재앙은 "오직 이마에 하나님의 인 침을 받지 아니한 사람들만" 해하도록 쏟아진다(계 9:4). 그리고 첫째 대접은 "짐승의 표를 받은 사람들과 그 우상(image)에게 경배하는 자들에게"만 쏟아진다(계 16:2).

이들 십사만 사천 명은 누구인가? 말 자체가 뜻하는 첫째 대답은 이들은 문자적으로 유대인들이고, 유대 백성의 구원을 표상하는 말이라는 것이다. 그러나 이들이 문자적인 유대인일 수만은 없다. 여기 나온 열두 지파는 단순히 이스라엘의 열두 지파가 아니기 때문이다. 단 지파는 전체적으로 빠져 있다(참고, 계 7:5-8; 역주). 그런데 에스겔 48:1의 지역 구분에서 처음 언급된 지파가 단 지파이다. 에브라임 지파 또한 빠져 있다. 그러나 요셉이 에브라임과 므낫세의 아버지이기 때문에 에브라임은 간접적으로 포함된다.

문자적 이스라엘이 아니라면 요한은 이스라엘의 열두 지파를 말할 때 무엇을 의미했는가? 그는 요한계시록 2:9에서 우리에게 다음과 같이 시사해 준다. "자칭 유대인이라 하는 자들…(그들은) 실상은 유대인이 아니요 사탄의 회당이라." 또 3:9에서는 이렇게 말한다. "보라 사탄의 회당 곧 자칭 유대인이라 하나 그렇지 아니하고." 여기에 명백한 사실이 있다. 그들은 스스로를 유대인이라고 부른 사람들이다. 그리고 문자적으로는 사실 유대인이다. 그러나 영적인 의미에서는 참된 유대인이 아니라 사탄의 회당을 구성하고 있다. 이 말에서 요한은 문자적 유대인과 영적 유대인을 명백하게 구별한다. 우리는 여기서 요한이 십사만 사천을 일부러 불규칙하게 기록하고 있음을 알아야 한다. 즉, 문자적 유대인이 아니고 참된 영적 유대인이 된 사람들, 즉 교회를 말하고 있는 것이다.

우리는 이 십사만 사천이 하나님의 진노에서 보호를 받도록 인침을 받았다는 것을 이미 말한 바 있다. 여기서 우리는 애굽에서의 이스라엘을 생각하게 된다. 그들은 애굽에 있었지만, 애굽 사람들이 당하는 하나님의 진노를 함께 당하지 않았다. 그처럼 하나님 백성은 진노에서 구원받을 것이다. 그러나 앞서 살핀 대로 참된 교회가 환난과 핍박을 피하게 되는 것은 아니다. 오히려 그런 환난과 핍박 중에서 순교를 당하게 될지라도 한 사람도 잃지 않을 것이고, 하나님께서는 당신의 백성을 인 치셔서 그 순교 중에서도 안전하게 보호하실 것이다. 여기서 우리는 다시 누가복음

21:16-18을 생각하게 된다. "심지어…너희 중의 몇을 죽이게 하겠(으나)…너희 머리털 하나도 상하지 아니하리라." 이처럼 십사만 사천은 대환난의 문전에 있는 교회인 것이다. 하나님의 백성은 하나하나 모두 보존된다. 그러므로 십사만 사천은 요한계시록에 있는 다른 숫자들처럼 온전함을 나타내는 상징적 숫자이다.

같은 문맥에서 발견되는 또 한 무리의 사람들도 바로 십사만 사천 명을 다른 관점에서 보고 표현한 것이다. 인간적 관점에서 말해서 그들은 모든 민족과 방언에서 구원받은 셀 수 없이 많은 사람들, 곧 교회이다. 여기서도 그들은 대환난의 순교자들로 묘사되고 있다. 바로 그들이 흰옷을 입고 하나님의 보좌 앞에 서서 "구원하심이 보좌에 앉으신 우리 하나님과 어린양에게 있도다"(계 7:10)라고 찬양하는 것이다. 그들이 과연 누구인가 하는 것도 더 명확히 지칭되어 있다. "이는 큰 환난에서 나오는 자들인데 어린양의 피에 그 옷을 씻어 희게 하였느니라"(계 7:14). 그들의 순교는 영원한 축복과 영광의 길이 되는 것이다.

/ 07 /

부활과 휴거

우리는 이미 중간 상태에 관한 3장에서 이스라엘 사람들은 영혼의 불멸이나 영혼의 구원에 관한 명확한 교의를 갖지 않았다는 것을 말한 바 있다. 단지 몇몇 군데의 구약 성경에서 그들의 하나님께서 죽음을 정복하셨고, 따라서 (사람들의) 죽음 이후에도 하나님의 백성이 육체를 가지고 있을 때에 나누었던 하나님과의 교제가 끊어지지 않으리라는 확신을 가졌음을 보게 된다.

그러나 그것만은 아니다. 분명히 구약에 부활에 관한 확신이 나타난다. 육체적으로 존재하는 것이 사람에게는 본질적인 것이기 때문에, 우리는 구약에서도 육체적 부활의 희망에 대한 몇 가지 언급을 찾아볼 수 있다. 이사야서에서는 이런 것이 좀 불분명한 말로 표현되어 있기는 하나 처음으로 나타난다. "사망을 영원히 멸하실 것이라 주 여호와께서 모든 얼굴에서 눈물을 씻기시며 자기 백성의 수치를 온 천하에서 제하시리라 여호와께서 이같이 말씀하셨느니라"(사 25:8). 가장 명확하게 부활을 표현하는 곳은 다니엘서이다. "땅의 티끌 가운데에서 자는 자 중에서 많은 사람이 깨어나 영생을 받는 자도 있겠고 수치를 당하여서 영원히 부끄러움을 당할 자도 있을 것이며"(단 12:2).

중간기의 유대교는 이 육체적 부활에 관한 소망을 발전시켰다. 그러나 여기서는 그 역사에 관해서는 말하지 않겠다. 이 문제에 관심을 가진 사람들은 나의 책인 *I Believe in the Resurrection of Jesus* (Eerdmans, 1975)를 읽어 보기 바란다.

이제 신약으로 넘어오면 사후의 축복된 존재에 관한 어떤 희망이 더 분명하게 나타남을 볼 수 있다(3장을 보라). 그러나 그 사후 상태가 구원의 목적이 아니고, 신약도 많은 문제에 관해서는 대답해 주지 않는다. 육체성(bodiliness)은 인간 존재의 본질적인 것이므로 구원은 전인(全人, whole man)의 구원을 의미한다. "그러나 우리의 시민권은 하늘에 있는지라 거기로부터 구원하는 자 곧 주 예수 그리스도를 기다리노니 그는 만물을 자기에게 복종하게 하실 수 있는 자의 역사로 우리의 낮은 몸을 자기 영광의 몸의 형체와 같이 변하게 하시리라"(빌 3:20-21).

신약에서는 부활 개념과 그 소망이 전적으로 예수님의 부활에 근거하고 있다. 복음서에서는 예수님께서 죽은 자들을 살리신 세

번의 경우를 기록하고 있다(야이로의 딸, 나인 성 과부의 아들, 나사로). 그러나 이 경우들은 부활이 아니라 소생(resuscitation)에 불과하다. 즉, 죽은 자들이 잠정적으로만 물리적이고 가사적(可死的)인 존재로 환원되어 얼마간 더 살다가 다시 죽음에 넘겨진 것이다. 그러나 예수님의 부활은 그와 같지 않다. 그의 부활은 그가 "사망을 폐하시고 복음으로써 생명과 썩지 아니할 것을" 드러내셨음을 의미한다(딤후 1:10).

복음서는 예수님께서 앞으로 자신이 죽임을 당하겠지만 곧 다시 살아나실 것임을 제자들에게 말씀하셨음을 보여 준다. 가이사랴 빌립보에서 베드로가 예수님의 메시아성을 고백한 이후에 예수님은 "인자가 많은 고난을 받고 장로들과 대제사장들과 서기관들에게 버린 바 되어 죽임을 당하고 사흘 만에 살아나야 할 것을 비로소 그들에게" 가르치셨다(막 8:31; 참고, 9:31; 10:34 등). 만일 이것이 사실이라면 예수님께서 잡히시고 정죄받고 십자가에 달리실 때, 왜 제자들이 그렇게도 완전히 실의에 빠졌는가라고 물을 수도 있을 것이다. 그 대답은 당시의 메시아에 관한 유대적 개념으로는 메시아가 죽는다는 것을 용납할 수 없었기 때문이라고 할 수 있다. 메시아 개념은 다음 같은 약속을 포함한 이사야 11장에서 기원했다. "그의 입의 막대기로 세상을 치며 그의 입술의 기운으로 악인을 죽일 것이며"(사 11:4). 메시아는 '기름 부음 받은 자'(the anointed one), 즉 약속된 기름 부음을 받은, 정복하는 다윗

왕을 의미한다. 그의 사명은 악한 자들에게 죽임을 당하는 것이 아니라, 오히려 그들을 죽이는 것이다.

유대인들이 이사야 53장의 고난받는 종의 모습을 메시아로 해석하지 않았다는 것을 생각하는 것이 매우 중요하다. 사실 이 장에서는 그 어디서도 고난받는 종을 메시아라고 부르지 않는다. 이런 유대적 메시아관은 요한복음에 명백히 나타나 있다. 예수님께서 5천 명을 먹이시는 이적을 베푸신 후에 백성은 그를 옹위하여 "억지로 붙들어 임금으로 삼으려"(요 6:15) 했다. 그런 기적을 베풀 수 있는 능력의 사람은 분명히 로마 군대에 대항하여 유대인들을 승리로 이끌 수 있기 때문이다.

사람들은 새로운 사실에 대해 준비가 되기 전까지는 전혀 그것을 배우지 못한다는 것이 일반적인 심리학적인 사실이다. 따라서 예수님의 제자들도 예수님께서 부활하시기 전까지는 그의 죽음을 결코 이해할 수 없었다. 왜냐하면 십자가가 있었고 그것이 "유대인에게는 거리끼는 것"으로 남아 있었기 때문이다(고전 1:23). 그러므로 복음서의 기록은 심리학적으로 옳다.

우리는 예수님의 부활이 단순한 소생이 아님을, 즉 단지 가사적인 육체의 생명을 되찾은 것이 아님을 강조할 필요가 있다. 우리는 이미 예수님의 부활이 역사 안에서의 영생과 불멸성의 출현을 의미한다는 취지의 바울의 말을 인용했다. 그 누구도 예수님께서 부활하시는 것을 본 사람은 없다. 그는 제자들에게만 나타나셨다. 그들은 예수가 부활하신 후에 예수를 뵌 것이다. 누구도 실제 예수의 부활을 목격하지는 못했다. 그리고 이것은, 이제 살펴보겠지만, 부활은 평범한 '역사적' 경험을 초월하는 것이기 때문이다.

부활 현현의 최초 기록은 사도 바울이 하고 있다.

> 내가 받은 것을 먼저 너희에게 전하였노니 이는 성경대로 그리스도께서 우리 죄를 위하여 죽으시고 장사 지낸 바 되셨다가 성경대로 사흘 만에 다시 살아나사 게바에게 보이시고 후에 열두 제자에게와 그 후에 오백여 형제에게 일시에 보이셨나니 그중에 지금까지 대다수는 살아 있고 어떤 사람은 잠들었으며 그 후에 야고보에게 보이셨으며 그 후에 모든 사도에게와 맨 나중에 만삭되지 못하여 난 자 같은 내게도 보이셨느니라(고전 15:3-8).

이 모든 현현이 복음서에 모두 기록되어 있지는 않다. 특별히 야고보에게 보이신 것과 오백여 형제에게 보이신 것은 기록되어 있지 않다. 우리는 여기서 주로 다메섹 도상에서 예수님이 바울에게 나타나신 것에 관심을 가지려고 한다. 이 현현은 세 군데에 기록되어 있는데, 그 형식은 좀 다르지만 그 중심 사실은 일치한다(행 9:1-9; 22:6-11; 26:12-18). 이 기록들은 예수님께서 영광과 광채 중에서 바울에게 나타나셨고 그 빛 가운데에서 예수님의 음성과 동일한 음성이 들려왔음을 말해 준다. 환언하면, 신학자들이 흔히 '신현'(Theophany), 즉 하나님의 임재라고 부르는 것으로 예수님께서 바울에게 나타나셨다는 말이다. 이것은 객관적 환상(objective vision)이라고 말할 수 있다. 이것이 환상(vision)이었음은 주로 나타난 것이 광채와 영광이었기 때문이다. 그러나 객관적이라는 말은 이것이 바울의 마음속에서 일어난 일이 아니라, 그의 외부에서 일어난 일이기 때문이다. 이 환상(vision)을 의사심리학(擬似心理學, parapsychology)적 지식에 기초하여 설명해 보려는 시도가 많이 있었으나 그것은 모두 헛수고였다. 그 환상은 바울에게 있어서 모든 과학적 설명을 초월하는 것이다.

바울이 예수님의 부활 현현에서 분명히 하고 있는 점은 그에게 나타난 예수님이 다른 제자들에게 나타나신 바로 그분이라는 점이다. 우리는 바울이 그 현현 형식을 동일하게 말한다고 생각할 필요는 없다. 왜냐하면 이제 살펴보겠지만 그 현현 형식은 상이하기 때문이다. 또한 예수님이 장사 지낸 바 되심을 바울이 강조할 때 그는 빈 무덤을 염두에 두고 있었음에 틀림없다. 그렇지 않다면 예수님께서 장사 지낸 바 되었다는 것을 언급할 리가 없기 때문이다.

그러므로 바울은 예수님의 육체적 부활을 믿었다. 비록 예수님의 부활한 몸은 육체적 연약성을 지닌 몸이 아니라 영광의 몸이기는 하지만 말이다.

신현 또는 객관적 환상에 관한 바울의 경험은, 바울이 부활하신 그리스도에 관해서 말하는 것과 일치한다. "첫 사람 아담은 생령이 되었다 함과 같이 마지막 아담은 살려 주는 영(a life-giving spirit)이 되었나니"(고전 15:45). "(그리스도는) 아버지의 영광으로 말미암아…죽은 자 가운데서" 살아나셨다(롬 6:4). 그러므로 그는 "우리의 낮은 몸을 자기 영광의 몸의 형체와 같이 변하게"(빌 3:21) 하실 것이다.

복음서에 기록된 현현들은 매우 다른 종류의 것들이다. 마태는 여인들이 천사들을 보고서 무덤을 떠나갈 때 예수를 만나 "그 발을 붙잡고 경배"했다고 기록한다(마 28:9). 누가는 엠마오 마을로 가던 두 제자가 예수님께서 떡을 떼어 주실 때에야 비로소 그를 알아보았다고 기록한다(눅 24:30-31). 또한 누가는 예수님께서 자신이 유령이 아님을 확신하게 하시려고 자기 몸을 만져 보라고 하셨다고 기록한다. "영은 살과 뼈가 없으되 너희 보는 바와 같이 나는 있느니라"(눅 24:39). 요한은 제자들이 다락방에 모였을 때 "유대인들을 두려워하여 모인 곳의 문들을 닫았더니"(요 20:19)라고 했다. 또한 예수님께서 분명히 어디서부터인지 오셔서 그들 가운데 서셨다고 기록한다. 여기에 예수님의 손과 옆구리의 못과 창 자국을 만져 보기를 청했던 의심 많은 도마의 유명한 이야기가 덧붙여 있다. 본문에는 도마가 실제로 그렇게 했다는 말은 없지만, 그렇게 하는 것이 가능했을 것이고, 예수님께서 금하지 않으셨을 것이다.

요점은, 바울의 경험은 '객관적 환상'—영광스럽게 되신 그리스도의 현현—으로 이해해야 하는 반면, 복음서는 예수님의 육체성(corporeality)을 강조한다는 점이다. 아마도 대부분의 독자들은 예수님께서 승천하셔서 영광스럽게 되셨다고 대답할 것이다. 이것은 가능하다. 그러나 지면상 여기서 다 말할 수 없는 여러 이유로 인해, 예수님께서는 영광의 몸으로 무덤으로부터 부활하셨고, 바로 그 영광으로 바울에게 나타나셨지만, 복음서에 기록된 현현은 제자들의 현세에 묶인 감각에 맞춘 것이라는 해석도 가능하다(참고. Ladd, *I Belive in the Resurrection of Jesus*, pp. 127f.). 생존 시에 예수님께서 주신 가르침에도 불구하고 제자들은 아직 그분을 볼 준비가 되지 않았음을 기억해야 한다. 그들의 모든 소망은 예수님의 시신과 함께 무덤에 유폐되어 있었던 것이다.

친구의 장례식에 참석한 경험이 있는 사람들은 제자들의 상황을 상상할 수 있을 것이다. 친구의 관이 땅에 묻혔다. 그런데 3일 후에 그를 대면했다고 생각해 보라! 우리 대부분은 그 죽은 친구에게, 여태까지 우리가 알지 못했던 아주 똑같은 쌍둥이 형제가 있었다고 결론을 내릴 것이다.

복음서 기록에서 우리는 다음 세 가지 사실을 발견한다. ① 동일성(identity) : 이것이 중심점이다. 부활하신 예수님은 십자가에 달려 장사 지낸 바 된 바로 그 예수님이다. ② 연속성(continuity) :

예수님께서는 육체적 감각으로 감지될 수 있는 신체의 형태로 부활하셨다. 앞으로 살펴보겠지만 바울도 부활의 육체적 성격을 강조한다. ③ 비연속성(discontinuity) : 비록 육체적 부활을 하셨지만 그 신체는 이전과 똑같은 신체는 아니다. 그것은 이제 새로운 세력을 소유한 변화된 몸이었던 것이다. 어떤 신학자는 이를 가리켜, 그(예수)는 상처를 보여 주실 정도로 육체적임과 동시에 닫힌 문을 통과하실 정도로 비물질적이었다고 말한다. 그러나 아마도 이것은 정확한 진술은 아닐 것이다. 부활해서 그리스도께서 '생명을 주는 영'이 되셨다면(고전 15:45), 바로 그 부활 때 예수님께서는 불가시적인 영적 세계로 옮기셨다고 이해할 수 있다. 전체 성경이 전제하고 있는 기본적인 가정은 그런 세상이 존재한다는 것이다. "믿음은…보이지 않는 것들의 증거니"(히 11:1). 성경은 우리가 하나님의 보이지 않는 세계에 둘러싸여 있다고 전제한다. 바로 그 세계에서 예수님께서는 영광스러운 신현으로, 아니면 보다 육체적인 방식으로 백성 앞에 나타나실 수 있었다. 결론은 '바로 그 주님'이 오늘날도 성령으로 그의 모든 백성과 함께 계시며 그가 원하시는 장소와 시간에, 그가 원하시는 방식으로 자신을 나타내 보이실 수 있다는 것이다. 예수님께서는 육체적 형태로 부활하셨으나 일반적인 시공간의 세계를 초월하실 수 있는 능력을 소유하셨다.

아마 독자들에게는 우리가 마지막 때 성도들의 종말론적인 부활을 다루면서 예수님의 부활을 설명하는 데 너무 많은 시간을 할애하고 있는 것으로 보일 것이다. 그러나 예수님의 부활 자체가 종말론적인 사건임을 인식할 때, 우리는 그 이유를 쉽게 알 수 있다. 즉, 예수님의 부활은 역사의 중심에 있는 고립된 사건이 아니라, 이 사건 자체가 종말론적 부활의 시작이라는 뜻이다.

성경의 많은 구절들이 이를 확증한다. 예수님께서는 "죽은 자들 가운데서 먼저 나신 이"라고 불리셨다(골 1:18). 이 말은 예수님께서 죽은 자들 가운데서 가장 먼저 일어나신 분이라는 의미만이 아니라(행 26:23), 바로 그런 분으로서 예수님이 새로운 존재의 질서, 즉 부활 생명(resurrection life)의 머리 되심을 의미한다.

이 사실은 초대교회의 경험에서도 잘 나타난다. 사도행전은 사두개인들이 "예수 안에 죽은 자의 부활이 있다고 백성을 가르치고 전함을 싫어"했다고 보도한다(4:2). 이 말은 처음에는 이상하게 들린다. 왜냐하면 유대인 중에 죽은 자들의 부활을 믿는 바리새인들과 이 교의를 부인하는 사두개인들이 있다는 것은 역사적으로 잘 알려진 일이다(행 23:7-8). 그런데도 그들은 죽은 자의 부활과 같은 중요한 교리에 대해서도 크게 다투지 않고 함께 잘 지내왔다. 그것은 유대 사회에 부활에 대한 폭넓은 견해들이 있었기 때문이다(참고, Ladd, *I Belive in the Resurrection of Jesus*). 그런데 제자들이 부활에 관해 설교하고 있을 때 왜 사두개인들은 이것을 문제 삼았는가?

그 대답은 이렇다. 제자들은 단지 하나의 교리로서의 부활, 단순한 미래의 희망을 선포한 것이 아니라, 미래 부활을 가능하게 하는 사건이 현재 일어났다고 선포했기 때문이다. 그들은 예수님 안에서 죽은 자들의 부활을 선포했다. 이제 부활은 더 이상 단순한 미래 사건이나 하나의 교리나 희망이 아니라, 바로 그들 중에서 일어난 사건이란 말이다. 만일 그들의 이런 선포가 사실이라면 그것은 사두개인들의 교의를 치명적으로 부인하는 것이다.

예수님의 부활이 가지는 종말론적인 성격은 바울이 예수님의 부활에서 그리스도는 "잠자는 자들의 첫 열매가 되셨도다"(고전 15:20)라고 선언하는 데서 더 분명해진다. '첫 열매'라는 표현은 오늘 우리에게 별로 명확한 뜻을 전달해 주지 못한다. 그러나 고대 팔레스타인에서는 이것이 전달하는 의미가 매우 생생했을 것이다. 첫 열매는 실제적인 추수의 시작이다. 이는 새로운 추수에 감사하여 하나님께 희생으로 드리는 것이었다. 그것은 희망이 아니었다. 그것은 약속이 아니었다. 그것은 이제 곧 풍성한 수확을 하려는 추수의 시작이었던 것이다.

이렇게 예수님의 부활은 첫 열매의 성격을 지닌다. 비록 곧바로 성도들의 부활이 계속되는 것은 아니지만, 그래도 그것은 종말론적 사건의 성격을 지닌다. 좀 소박하게 말한다면 하나님께서는 종말론적 부활의 한 부분을 끊어서 그것을 역사의 중심에 심으신 것이다.

이것은 두 가지를 의미한다. 그것은 첫째로, 신자들의 부활을 확증하는 그리스도의 부활이다. 부활은 이제 희망 이상의 사건이 된 것이다. 모든 것이 이 사건에 달려 있다. "그리스도께서 만일 다시 살아나지 못하셨으면 우리가 전파하는 것도 헛것이요 또 너희 믿음도 헛것이며 또 우리가 하나님의 거짓 증인으로 발견되리니…그리스도께서 다시 살아나신 일이 없으면 너희의 믿음도 헛되고 너희가 여전히 죄 가운데 있을 것이요 또한 그리스도 안에서 잠자는 자도 망하였으리니"(고전 15:14-18). 여기에 놀라운 진술이 있다. 하나님을 믿으면서 예수님의 부활을 믿지 못할 수 있을까? 성경도 말하기를 "하나님께 나아가는 자는 반드시 그가 계신 것과 또한 그가 자기를 찾는 자들에게 상 주시는 이심을 믿어야 할지니라"(히 11:6)라고 하지 않는가? 왜 하나님에 대한 믿음이 예수님의 부활에 대한 믿음에 달려 있는가?

그 대답은 명백하다. 성경의 하나님은 사람에게서 멀리 떨어져 존재하는 신이 아니라, 오랜 일련의 역사적 과정에 걸쳐 사람들에게 찾아오시는 하나님이시기 때문이다. 어떤 학자는 구약의 하나님을 '오시는 하나님'(God who comes)으로 묘사했다. 그리고 신약의 기록은 이 하나님의 자기 계시가 그 성육신—아들로 우리에게 말씀하시는 말씀의 사건—에서 절정에 이르렀음을 나타낸다. "말씀이 육신이 되어 우리 가운데 거하시매." 예수님께서는 아버지의 이름으로 온갖 질병을 치유하시는 주님이심을 주장하러 오셨다. 그는 온갖 질병을 고치셨다. 그리고 그는 사탄을 지배하시며(귀신을 쫓아내심), 자연을 지배하시는(폭풍도 잠잠케 하심) 주님이심을 나타내셨다. 그러나 만일 그리스도가 다시 살아나지 않으셨다면 그는 사망을 지배하시는 주는 되지 못하셨을 것이다. 또한 그의 마지막은 죽음이었을 것이고, 성경에 기록된 온갖 계시 사건은 무덤에서 죽음으로 끝난, 도로 위의 쓰레기 더미 같았을 것이다.

둘째로 그리스도의 부활이 첫 열매라 함은 우리의 부활을 확증할 뿐 아니라, 우리의 부활이 그의 부활과 같을 것임을 가르쳐 준다. 그가 장차 영광과 권능으로 임하실 때, 그는 "우리의 낮은 몸을 자기 영광의 몸의 형체와 같이 변하게"(빌 3:21) 하실 것이다. 이것은 "죽을 것이 생명에 삼킨 바"(고후 5:4) 된 것을 의미한다.

여기 이런 질문이 제기될 수 있다. 과연 그렇다면 부활 때 우리는 어떤 종류의 몸을 갖게 될 것인가? 우리는 바울 서신과 복음서에서, 예수님이 부활하신 존재의 양식은 조금씩 다르게 나타나지만, 세 요소인 신체성, 연속성, 비연속성은 본질적임을 살펴보았다.

다행히도 우리는 바울이 이 문제를 좀 더 길게 언급한 부분을 볼 수 있다. 바울은 고린도전서 15장에서 고린도인들이 제기한 질문 중 하나를 다루고 있다. 그 질문은 "죽은 자들이 어떻게 다시 살아나며 어떠한 몸으로 오느냐"(고전 15:35) 하는 것이다. 바울은 이렇게 묻는 자들을 '어리석다'고 꾸짖는다(고전 15:36). 여기서 바울의 대적자들이 어떤 사람들인지는 명확하지 않다. 두 입장 중 하나일 수도 있고, 그 둘 다일 수도 있다. 바울은 부활의 육체적 성격에 관한 과도한 강조 때문에 비난을 받는 듯하다. 우리는 그 당시의 문학으로부터, 어떤 유대인들은 부활에 관해 매우 소박한 견해를 주장하고 있었다는 것(Ladd, *I Believe in the Resurrection of Jesus*, p. 53), 그리고 고린도에는 '베드로파'라는 유대적 파당이 있었음을 알 수 있다(고전 1:12). 그러나 문제는 부활 개념에 부딪친 희랍인들에게서 나온 것 같다. 우리는 많은 희랍인들이 육체로부터 벗어나는 '영혼의 구원'을 믿고 있었음을 안다. 그들은 육체를 실제로 악한 것이라고는 하지 않지만 영혼의 도야에 장애가 되는 어떤 것으로 보았다. 따라서 그들에게 있어서 현자(賢者)는 영혼의 고양을 위해서 자신의 육체를 훈련하고 조정하는 사람이었다. 따라서 영혼 불멸 개념은 아무런 반대도 일으키지 않았으나, 육체적 부활은 그들이 쉽게 받아들일 수 있는 진리가 아니었다.

바울은 이미 신자들의 부활이 완전히 그리스도의 부활에 의존함을 논했다(고전 15:3-9). 그리고 이제 새로운 질문, 즉 부활한 몸의 성격에 대해 말하려는 것이다. 그 첫마디는 그것이 육의 몸(physical body)과는 다르다는 것이다. 그는 이것을 이 세상에는 서로 다른 종류의 몸이 있음을 밝힘으로 설명하려 한다. 땅에서 올라오는 푸른 싹은, 그 모양에 있어서 땅에 심겼던 그 씨앗과는 분명히 다른 것이다. 그러나 그 둘 사이에는, 명백한 차이에도 불구하고 명확한 어떤 연속성이 있다. 이에 대한 대답은 다음과 같은 말에서 찾을 수 있다. "하나님이 그 뜻대로 그에게 형체를 주시되 각 종자에게 그 형체를 주시느니라"(고전 15:38). 이처럼 육의 몸도 있고 신령한 몸도 있다는 것이다. 그러나 여기엔 또한 연속성도 있다. 씨가 없으면 싹도 없다. 마찬가지로 육의 몸(physical body)이 없이는 신령한 몸(spiritual body)도 없다.

둘째로, 단순한 관찰로도 세상에는 서로 다른 종류의 육의 몸(fleshly body)이 있음을 볼 수 있다. 사람을 위한 육체가 따로 있고 동물의 몸이 다르며 새의 몸도 다르고 물고기의 몸도 따로 있다. 이처럼 땅에도 많은 형체가 있고 하늘에도 하늘에 속한 많은 형체(bodies)가 있다. 즉, 해와 달과 별들이 그것이다. 그러나 이들 천체 간에도 명확한 차이가 있다. 해와 달의 영광은 별들의 영광보다는 엄청나게 큰 것이다.

이런 말을 한 후에 바울은 성경에 나오는 모든 육체 가운데서 부활체(the resurrection body)에 대한 가장 가까운 묘사를 우리에게 제시한다. "썩을 것으로 심고 썩지 아니할 것으로 다시 살아나며 욕된 것으로 심고 영광스러운 것으로 다시 살아나며 약한 것으로 심고 강한 것으로 다시 살아나며"(고전 15:42-43). 부활의 몸은 썩지 않고 영광스럽고 강할 것이다. 썩지 않는 몸에 대해 들어 본 사람이 있는가? 이 땅에 있는 모든 몸은 다 약하고 썩는다. 그러나 새로운 몸은 오는 세대의 생명과 어울리는 것이 될 것이다.

바울은 이를 다음과 같이 요약한다. "육의 몸으로 심고 신령한 몸으로 다시 살아나나니"(고전 15:44). 바울이 여기서 사용한 희랍어를 문자적으로 옮긴다는 것은 불가능하다. 영어로 표현하면 이상한 말이 되기 때문이다. 즉, '영적인 몸으로(soulish body) 심고'라는 말이 되기에 이상하게 된다는 말이다. 이 말로써 바울이 말하고자 하는 바는 이 몸이 인간의 영혼(psyché)의 생명에만 맞고 그것에 의해서만 살아 움직일 수 있다는 것이다. 그것은 '프쉬케'(ψυχή, psyché)로 구성된 몸일 수는 없다. 똑같은 방식으로 부활의 몸은 '신령한(spiritual) 몸'(σῶμα πνευματικόν)이다. 즉, 영으로 구성된 몸이란 뜻이 아니고, 하나님의 신(God's Spirit)의 새 세계에 맞도록 성신에 의해 변화된 몸이란 뜻이다. 이런 사실에 비추어 볼 때, '심적인 몸'(σῶμα ψυχικόν, soulish body)에 대한 가장 옳은 번역은 우리가 현재 가지고 있는 약하고 썩고 죽게 되어 있고 물질적인 몸이란 뜻의 '육의 몸'(physical body)일 것이다. 이런 육의 부활체(physical resurrected body)를 믿지 않으면 성경을 참으로 믿지 않는 것이라고 생각하는 사람들도 있다. 그러나 문제는 부활이 과연 몸의 부활인가 하는 점이다. 그리고 이 점에서 바울은 아무런 의문의 여지를 남기지 않는다.

그러나 다시 한 번 여기에도 연속성과 비연속성이 있음을 기억하자. 새로운 몸은 육의 몸과 공유하고 있는 것도 있다. 그것이 무엇인지 바울은 말하지 않는다. 그러나 부활하셔서 영화롭게 되신 그리스도께서는 다메섹 도상에서 바울과 만나시고 그에게 말씀하시고 바울로 하여금 바로 자신이 죽음에서 다시 살아나신 그리스도임을 인식할 수 있도록 하셨다.

중요한 점은 부활의 몸이 예수님의 부활하신 몸과 같을 것이라는 점이다. "첫 사람은 땅에서 났으니 흙에 속한 자이거니와 둘째 사람은 하늘에서 나셨느니라"(고전 15:47). 바울의 이 마지막 구절은 무엇을 의미하는지 명확하지가 않다. 그가 성육신을 말하고 있는 것인지 부활을 말하고 있는 것인지, 아니면 그리스도의 재림을 말하고 있는지 알기가 어렵다. 이 문맥에서는 바울이 부활을 말하고 있다고 이해하는 것이 가장 좋을 것이다. 부활하시고 높아지셔서 예수님께서는 하늘로 다시 올라가셨다. 즉, 하나님께서 계시는, 보이지 않는 영역으로 가셨다. 그리고 이 천상의 영역으로부터 40일 동안 예수님께서는 제자들에게 나타나셨고, 바로 그분이 바울에게 다메섹 도상에서 나타나신 것이다. 아직 이 지상의 몸을 가진 우리는, 아담과 같이 연약하고 썩을 흙에 속한 자들이다. 그러나 부활할 때 우리는 "하늘에 속한 이의 형상을" 입을 것이다(고전 15:49).

다른 성경에 비추어 볼 때 성도의 부활이 그리스도의 재림(파루시아) 때 일어날 것임은 명백하다. 바울은 이것을 데살로니가전서에서 명백히 한다. "주께서 호령과 천사장의 소리와 하나님의 나팔 소리로 친히 하늘로부터 강림하시리니 그리스도 안에서 죽은 자들이 먼저 일어나고"(살전 4:16). '모든' 죽은 자들이 먼저 일어난다고 하지 않음에 주의하라. 사실 바울은 그의 서신 중 어디에도 성도가 아닌 자들의 부활을 말하지 않는다. '먼저'란 말이 의미하는 것은 살아 있는 성도들이 끌어 올려져 주님과 함께 있게 되기 전에, 죽은 성도들이 먼저 일어난다는 뜻이다.

이것은 요한계시록 20장에 있는 성도들과 순교자들의 부활 구절과 병행을 이룬다. 요한계시록 19:11-16은 그리스도의 재림을 마치 정복자가 임하는 방식으로 묘사한다. 그리스도는 적그리스도와 그를 따르는 자들을 멸망시키기 위해 전마(戰馬)인 흰말을 타고 나타난다. 따라서 그리스도의 재림 후에 첫째 부활이 나타난다. 요한계시록 20:4은 한 그룹 이상의 사람들을 말하는 것이다. 요한은 첫째로 예수님의 증거(하나님의 말씀)로 인하여 목 베임을 받는 자들을 본다. 그는 또한 짐승과 우상(image)에게 경배하지도 아니한 자들을—이들은 명백히 핍박을 피한 신자들일 것이다—본다. 이 죽은 자들이 다시 살아서 그리스도와 더불어 천 년 동안 왕 노릇 한다(20:4). 이 그리스도의 천 년 통치 후에도 그들은 오는 세대에도 계속해서 새롭게 된 몸을 가지고 새 하늘과 새 땅에서 살게 된다.

성도들의 부활과 동시에 일어나는 다른 사건은 흔히 우리가

'휴거'라고 부르는 것이다. 바울은 데살로니가전서에서, 그리스도 안에서 죽은 자들의 부활을 언급한 직후에 "그 후에 우리 살아남은 자들도 그들과 함께 구름 속으로 끌어 올려 공중에서 주를 영접하게 하시리니 그리하여 우리가 항상 주와 함께 있으리라"(4:17)라고 말한다. '휴거'(rapture)란 '우리가 끌어 올려져'란 뜻의 라틴어 '라피에무르'(rapiemur)에서 온 말이다. 산 성도들이 주를 만나기 위해 공중으로 끌어 올려 간다는 것은, 죽은 자들이 부활하는 것처럼, 살아 있는 성도들이 죽음을 거치지 아니하고서 신령한 몸을 입게 되는 변화를 바울식으로 표현한 것이다.

바울은 이와 같은 내용을 고린도전서 15장에서 이렇게 말한다.

> 우리가 다 잠잘 것(죽음)이 아니요 마지막 나팔에 순식간에 홀연히 다 (죽은 성도들과 산 성도들 모두) 변화되리니 나팔 소리가 나매 죽은 자들이 썩지 아니할 것으로 다시 살아나고 우리도 변화되리라 이 썩을 것이 반드시 썩지 아니할 것을 입겠고 이 죽을 것이 죽지 아니함을 입으리로다 이 썩을 것이 썩지 아니함을 입고 이 죽을 것이 죽지 아니함을 입을 때에는 사망을 삼키고 이기리라고 기록된 말씀이 이루어지리라(15:51-54).

죽은 성도들에게는 부활이 일어나고, 살아 있는 성도들에겐 휴거가 일어난다. 이리하여 모든 세대의 성도들이 오는 세대의 생명에 들어가게 된다.

바울 서신의 한 가지 문제는 불신자들에 관해 전혀 언급하지 않는다는 점이다. 바울은 악한 자들의 운명이 무덤 속에 남겨져 있는 것으로 보았다고 쉽게 결론지을 수 있으리 만큼 성도들의 부활을 그리스도의 부활과 밀접하게 연관시키고 있다.

그러나 이 문제에 대해 말하고 있는 성경 구절도 있다. 사도행전 24:15은 바울이 "의인과 악인의 부활이 있으리라"라고 말했음을 기록한다. 요한복음은 더 나아가 모든 사람의 부활을 말한다. 예수님께서 말씀하시기를 "이를 놀랍게 여기지 말라 무덤 속에 있는 자가 다 그의 음성을 들을 때가 오나니 선한 일을 행한 자는 생명의 부활로, 악한 일을 행한 자는 심판의 부활로 나오리라"(5:28-29). 우리는 여기서 "깨어나 영생을 받는 자도 있겠고 수치를 당하여서 영원히 부끄러움을 당할 자도 있을 것이며"라고 말하는 다니엘 12:2을 다시 기억하게 된다. 다니엘과 요한이 두 개의 부활을 예언적으로 말하고 있다고 확실히 말하는 것은 불가능하다(세대주의를 염두에 두고 하는 말이다. - 역주). 보다 확실한 것은 두 사람이 모두 의인과 악인의 부활을 예언하고 있다고 말하는 것이다. 그런데 의인은 축복으로의 부활이고, 악인은 심판과 정죄로의 부활인 것이다.

그러나 요한계시록 20장은 명백히 두 개의 부활을 예언한다. 첫째 부활은 그리스도의 영광의 재림 직후에 일어나고 그 뒤에

천년왕국이 계속된다. 이것이 '첫째 부활'이라고 불리는 것이다 (20:6). 그들은 생명에 참여한다. 그리고 천 년 동안 그리스도가 통치하신 후에 요한은 크고 흰 보좌를 보는데 땅과 하늘이 그 앞에서 피하여 간 데 없어졌고 "죽은 자들이 큰 자나 작은 자나 그 보좌 앞에 서 있는데"(20:12), "바다가 그 가운데에서 죽은 자들을 내주고 또 사망과 음부(무덤)도 그 가운데에서 죽은 자들을 내주매"(20:13) 그 이유는 이들이 크고 흰 보좌 앞에서 심판을 받기 위해서이다(흔히 한국 교회에서는 이를 '백보좌 심판'이라 한다. - 역주). 요한은 이것을 그렇게 부르지는 않지만 우리는 이것을 둘째 부활이라고 생각해야만 한다. 그러나 성경은 이 부활의 성격이나 여기 일어난 자들의 존재의 상태가 어떤 것인지에 대해 아무 말도 하지 않는다. 이것은 성경 중에서 사변을 허락하지 않는, 우리가 잘 알 수 없는 부분의 하나이다. 그러나 한 가지 명백한 것은 둘째 부활이 둘째 사망에 이르도록 하는 심판의 성격도 가졌다는 점이다.

(여기서 첫째 부활과 둘째 부활을 어떻게 보느냐에 따라 견해가 갈릴 수 있다. 역사적 전천년기설을 지지하는 래드는 첫째 부활을 문자적으로 해석한 것이다. 무천년기설과의 비교를 위해서는 Robert G. Clouse, ed., *The Meaning of the Millennium: Four View*, 권호덕 역,『천년왕국』[서울: 성광문화사, 1980]을 참조하라. - 역주)

THE LAST THINGS:
AN ESCHATOLOGY FOR LAYMEN

08

심판

사람들은 자신의 행위에 대해서 개별적인 책임이 있으며 따라서 심판의 날에 거룩하시고 의로우신 하나님 앞에 서야 한다는 것이 성경의 명백한 가르침이다. "한 번 죽는 것은 사람에게 정해진 것이요 그 후에는 심판이 있으리니"(히 9:27).

예수님께서도 모든 사람에게 심판이 있음을 명백히 가르치셨다. 예수님께 친히 복음을 듣고 거부한 사람들보다는 소돔과 고모라 땅이 심판 날에 견디기가 쉽다(마 10:15; 11:22, 24). 그 심판 날에 니느웨 거민들과 남방 여왕이 일어나 예수님의 동시대인들을 정죄할 것이다. 마지막 날에 악한 자들과 선한 자들이 나뉠 것이며(마 13:40, 49f.), 모든 민족이 심판을 받기 위해 인자 앞에 모일 것이다(마 25:32).

바울은 주께서 오실 때 "그때에 각 사람에게 하나님으로부터 칭찬이 있으리라"(고전 4:5)라고 하며, 밖에 있는 사람들은 하나님이 심판하실 것이라고 가르친다(고전 5:13). 성도들이 세상을 판단할 것이다(고전 6:2). 그러나 그들은 세상과 함께 정죄함을 받지 않기 위해 스스로를 살펴야만 한다(고전 11:32). 바울은 하나님의 심판과 그리스도의 심판을 아무 구별 없이 말한다. 왜냐하면 "우리가 다 하나님의 심판대 앞에 설" 것이기 때문이다(롬 14:10). 그리고 "우리가 다 반드시 그리스도의 심판대 앞에 나타나게" 될 것이기 때문이다(고후 5:10).

심판에 관한 바울의 중요한 진술 중 하나는 로마서 2:5-10에 있다.

> 다만 네 고집과 회개하지 아니한 마음을 따라 진노의 날 곧 하나님의 의로우신 심판이 나타나는 그날에 임할 진노를 네게 쌓는도다 하나님께서 각 사람에게 그 행한 대로 보응하시되 참고 선을 행하여 영광과 존귀와 썩지 아니함을 구하는 자에게는 영생으로 하시고 오직 당을 지어 진리를 따르지 아니하고 불의를 따르는 자에게는 진노와 분노로 하시리라 악을 행하는 각 사람의 영에는 환난과 곤고가 있으리니 먼저는 유대인에게요 그리고 헬라인에게며 선을 행하는 각 사람에게는 영광과 존귀와 평강이 있으리니 먼저는 유대인에게요 그리고 헬라인에게라

이것을 피상적으로 읽으면 사람은 자신의 의나 행위로는 의롭다 하심을 받을 수 없다는, 바울이 자주하는 진술(롬 3:20; 갈 2:16; 3:11; 5:4)과 모순되는 것으로 들릴 수 있다. 그러나 대답은 이 '행위'(works)가 무엇을 의미하는가에 달려 있다. 위에서 언급한 여러 구절에서 '행위'는 인간적 공로나 자랑의 근거를 제공해 주는 외적인 법—유대인의 율법—에 따른 행위를 의미한다. 이것은 모든 행위가 중요하지 않다는 것을 의미하지 않는다. 오히려 바울은 다음과 같은 사실을 명백히 한다. "율법이 육신으로 말미암아 연약하여 할 수 없는 그것을 하나님은 하시나니 곧 죄로 말미암아 자기 아들을 죄 있는 육신의 모양으로 보내어 육신에 죄를 정하사 육신을 따르지 않고 그 영을 따라 행하는 우리에게 율법의 요구가 이루어지게 하려 하심이니라"(롬 8:3-4). 외적인 율법이 할 수 없었던 것은 사람의 마음을 바꾸는 것이며, 악한 교만에서 돌이키는 것이고, 모든 것을 다하여 하나님을 사랑하고, 이웃을 마치 자신과도 같이 사랑하도록 하는 것이었다. 이것은 성령이 하시는 일이다. 로마서 2:5-10의 선행에 해당하는 다른 바울적인 용어는 '성령의 열매'라는 말이다. 이것은 신자들이 하나님을 채무자로 삼아서, 자신의 공로로 인하여 구원이라는 선물을 받게 된다는 말이 아니다. 그러나 사람은 그가 그리스도인이라 해도 하나님께 대해 항상 책임이 있으며, 그가 사실 '영광과 존귀와 썩지 아니함'을 구한다는 것을 나타낼 선행의 증거를 가져야 함을 의미한다. 한 현대의 주석가를 인용해 본다면, "영생의 보상은 자신들의 선행을 그 자체로 완성된 것으로 여기지 아니하고 오히려 그것을 인간의 성취로서가 아니라, 하나님에 대한 소망의 행위로 여기는 사람들에게만 약속되어 있다"(C. K. Barrett, *Romans*, 1957, p. 117).

심판에 관련해서 우리는 '하나님의 진노'(the wrath of God)라는 성경적 개념을 검토해 보아야만 하는데, 이 개념은 죄인과 하나님의 관계를 지칭하는 가장 생생한 용어이다. 심판의 날은 잃어버린 자들에 대한 진노의 날일 것이다(롬 2:5; 살전 1:10). "주 예수께서 자기의 능력의 천사들과 함께 하늘로부터 불꽃 가운데에 나타나실 때에 하나님을 모르는 자들과 우리 주 예수의 복음에 복종하지 않는 자들에게 형벌을 내리시리니 이런 자들은 주의 얼굴과 그의 힘의 영광을 떠나 영원한 멸망의 형벌을 받으리로다"(살후 1:7-9). 아마 에베소서 5:6과 골로새서 3:6도 심판의 날에 임박한 진노를 말하는 구절일 것이다.

그러나 진노는 종말론적인 것만은 아니다. 그것은 현재 하나님과 사람의 관계의 성격을 규정하는 것이다. 그리스도 밖에서 사람은 이 악한 세대에 속한 진노의 자녀들이다(엡 2:3). 하나님의 진노는 사람들의 모든 경건하지 않음과 불의에 대하여 나타난다(롬 1:18).

하나님의 진노에 대한 신약적 개념은 적당한 제물로 진정시킬 수 있는, 이방 신들의 진노와 같은 것으로 이해될 수는 없다. 하나님의 진노는 모든 악에 대한 하나님의 확고한 적대감이다. 그러므로 이를 무시하거나 적당히 넘겨 버릴 수 있으리라고 생각하는 것은 어리석은 일이다. 신약에서 하나님의 진노는 하나님의 감정을 말하는 것이 아니라, 거룩하신 하나님께서 죄와 죄인들에 대해 어떻게 반응하는가를 말해 주는 것이다. 즉, 진노란 죄에 대한 하나님의 인격적인 반응이다. 죄는 사소한 문제가 아니다. 사람은 이 죄로부터 스스로를 구원할 수 없다. 진노는 하나님께서 죄에 대하여 무엇을 행하고 계신지, 그리고 무엇을 행하려 하시는지를 표현한다.

심판의 날에는 사면과 정죄의 이중적 사역이 있을 것이다. 사면에 대한 성경의 통상적인 용어는 칭의(justification)이다. 예수님께서는 이렇게 말씀하셨다. "내가 너희에게 이르노니 사람이 무슨 무익한 말을 하든지 심판 날에 이에 대하여 심문을 받으리니 네 말로 의롭다 함을 받고 네 말로 정죄함을 받으리라"(마 12:36-37). '무익한 말'(careless words), 의식하지 못하는 중에 어쩌다 내뱉은 말, 이것은 사람의 마음이 참으로 어떤 성격을 가지고 있는지를 나타내 준다. 이런 말에서 모든 사람은 하나님의 심판 앞에 드러나고 그 결과는 칭의 곧 사면이든지, 그 정반대로 정죄를 받든지 하는 것이다.

바울이 다음과 같은 말을 쓸 때에도 같은 심정을 가지고 있었다. "누가 능히 하나님께서 택하신 자들을 고발하리요 의롭다 하신 이는 하나님이시니 누가 정죄하리요 죽으실 뿐 아니라 다시 살아나신 이는 그리스도 예수시니 그는 하나님 우편에 계신 자요 우리를 위하여 간구하시는 자시니라"(롬 8:33-34). 여기서 바울은 그리스도인들이 종말적인 하나님의 심판대 앞에 서 있는 것으로 묘사한다. 즉, 그의 죄와 불의가 그를 정죄하는 것이다. 그러나 그는 중보자(intercessor)를 가지고 있다. 즉, 하나님 자신이 그리스도로 말미암아 그를 의롭다 하신 것이다. 그러므로 누구나 그 무엇이나 그를 정죄할 수 없다.

사면된 자는 스스로의 행위로 의롭다 함을 받은 것이 아니라, 십자가에서 그리스도께서 이루신 칭의로써 의롭다 함을 받는다. "하나님이 죄를 알지도 못하신 이를 우리를 대신하여 죄로 삼으신 것은 우리로 하여금 그 안에서 하나님의 의가 되게 하려 하심이라"(고후 5:21). 그리스도 스스로는 아무런 죄의 오점이 없지만 우리의 죄를 지신 것이다. 즉, 우리 죄인들이 하나님의 의로 여김을 받도록 하시려고 우리를 대신하여 죄가 되셨다. 여기에 바울의 복음이 가진 영광이 있다. 심판 날에 내려져야 할 심판이 이미 역사 중에 예수 그리스도의 희생제적 대속의 죽음에 내려진 것이다. 그리스도는 무죄한 희생물로서 십자가에서 죽으셨다. 그러나 죽음으로 그는 사람들의 죄를 담당하셨고 죄인들이 당해야 할 심판과 그 운명을 감수하셔서 대속을 이루신 것이다. 그리고 이 대속은 믿음으로 말미암는 칭의를 포함한다. 즉, 그리스도의 대속 사역을 믿는 믿음을 통해 신자들이 지금 여기서 칭의를 받고 모든 죄책에서 벗어나는 것이다. 그는 새롭게 된 것이다.

중요한 문제는 칭의가 무엇인가 하는 점이다. 바울 사상에서 칭의란 만유의 입법자이시며 심판자이신 분이 사죄를 선언하시는 것이다. 칭의나 사죄는 주관적인 윤리적 문제가 아니다. 그것은 하나님께서 신자들로 하여금 모든 사람의 심판자 되시는 분과 옳은 관계에 서게 하시려고 작정하신 객관적인 관계인 것이다. 이 관계는 참되고 객관적인 사실이다.

이것은 오늘날 우리가 가진 법적 정의 개념에도 잘 나타난다. 한 사람이 어떤 죄를 지었다고 고소되었다고 하자. 그의 사건이 재판정에서 심리된다. 판결은 그에게 죄가 있다거나 혹은 죄가 없다고 선언하는 것이다. 중요한 문제는 그에게 죄가 있느냐 없느냐 하는 것이 아니다. 중요한 문제는 그 결정에 근거하여 내려질 선고가 무엇이냐 하는 것이다. 만일 '무죄 선언'이 내려진다면 사실 그가 그 죄를 범했더라도 그는 자유롭게 나갈 수 있다. 그러나 만일 '죄가 있다'라고 선언되면, 어떤 경우에는 실제로 그 죄를 범하지 않았다고 해도 그는 형벌을 받게 될 것이다. 문제는 그 자신이나 다른 사람이 어떻게 느끼느냐 하는 것이 아니고, 어떤 판결이 내려지느냐 하는 것이다.

하나님과 관련된 일에서도 그렇다. 하나님께서는 만유의 입법

자이시고 재판장이시므로 문제는 하늘 법정의 결정이 무엇이냐 하는 것이다. 여기에 유대인들을 당황하게 했던 사실이 있다. 하나님께서 죄인의 죄책을 사하신 것이다. 그러나 유대인들의 생각에는 죄인은 정죄받고, 의인이 무죄 판결을 받아야 한다. 그러나 바울은 그리스도의 죽음으로 죄인이 하나님 앞에서 죄 사함을 받았다고 선언한다. 그리스도의 죽음은 "곧 이때에…자기도 의로우시며 또한 예수 믿는 자를 의롭다 하려 하심"(롬 3:26)이다. 그리스도의 죽음은 동시에 의의 행위이며 사랑의 행위이다. 의의 행위라 함은 하나님께서 그리스도 안에서 죄를 마땅히 처리해야 할 방식대로 처리하셨음을 말한다. "하나님께서 길이 참으시는 중에 전에 지은 죄를 간과하심으로 자기의 의로우심을 나타내려 하심이니"(롬 3:25). 그리스도 이전에는 하나님께서 죄를 마땅히 처리해야 하는 방식대로 처리하지 않으셨다. 하나님은 마치 인간의 죄를 보고도 못 본 척하고 계신 것 같았다(바로 이것을 '간과하심'이라고 표현한 것이다. - 역주) 그러나 이제 그리스도의 죽음으로 인해 하나님은 자기의 의로우심을 나타내신다. 여기서 죄를 마땅히 처리해야 할 그 방법대로 처리하신 것이다.

여기에 신비가 있다. 십자가에서 무슨 일이 일어났는가? 그 일이 정확히 어떤 것인지 나는 알지 못한다. 그 일은 인간의 상상력의 한계를 훨씬 초월하기 때문이다. 그러나 예수님은 자신의 죽으심으로 말미암아 나의 죽음을 경험하셨다. 내가 져야 할 운명을 그가 담당하셨다. 심지어 나 대신에 지옥에 내려가셨다고도 말할 수 있다(개혁파의 이해대로 이를 은유적인 표현으로 이해하는 것이 좋을 것이다. - 역주).

그리스도의 무죄 판결을 내 것으로 하기 위해 내가 해야 할 일은 오직 이것을 믿음으로 받아들이는 것뿐이다. 하나님께서는 예수 믿는 자들을 의롭다 하신다(롬 3:26). 이것이 로마서의 주제이다. "오직 의인은 믿음으로 말미암아 살리라"(He who through faith is righteous shall live, 롬 1:17). 환언하면, 십자가에서 이루어진 그리스도의 의롭다 하시는 사역을 신뢰하는 믿음의 사람은 이미 의롭다 함을 받은 것이라는 말이다. 십자가는 심판의 자리가 되었다. 어떤 뜻에서 신자들은 이미 종말론적 심판을 받아 천상(하늘)에 살고 있는 것이다. 그래서 바울은 이렇게 쓰고 있다. "그러므로 이제 그리스도 예수 안에 있는 자에게는 결코 정죄함이 없나니"(롬 8:1).

그러나 이것이 신자들을 종말론적 심판에서 제외시키는 것은 아니다. "우리가 다 하나님의 심판대 앞에 서리라"(롬 14:10). 그 이유는 역사 가운데서 이루어진 신자들의 칭의는 칭의받은 자로서 그가 행할 사랑의 행위에 의해 확증되기 때문이다. 환언하면, 칭의란 결코 "나는 이제 죄 사함 받았으니 이제부터는 어떻게 살든지 상관없어."라고 말하게 하는 단순한 법적인 문제가 아니라는 말이다. 오히려 신앙으로 의롭다 함을 받은 사람은 바로 그 신앙으로 그리스도와 연합되는 것이다. "죄에 대하여 죽은 우리가 어찌 그 가운데 더 살리요…우리가 그의 죽으심과 합하여 세례를 받음으로 그와 함께 장사되었나니 이는 아버지의 영광으로 말미암아 그리스도를 죽은 자 가운데서 살리심과 같이 우리로 또한 새 생명 가운데서 행하게 하려 함이라"(롬 6:2-4). 그러므로 신자들의 종말론적 심판은 그가 구원될지 아닐지를 결정하는 것이 아니라, 구원받은 그가 육체로 행한 선행, 다른 말로 하면 성령의 열매로 그의 구원을 확증하기 위한 것이다.

그리스도인의 심판을 말하는 또 하나의 구절은 고린도전서 3:10-17에 있다. 그러나 여기서는 바울이 모든 그리스도인의 생활을 다루지 않고, 기독교 지도자들의 행위를 다룬다. 우리는 고린도 교회가 바울파, 베드로파, 아볼로파, 그리스도파로 나뉘어 있었음을 안다(고전 1:12). 그래서 바울은 교회 안에서의 기독교 지도자들의 책임을 말하는 것이다. 그는 그들 모두는 유일한 기초인 예수 그리스도 위에 세워진 건물이라고 말한다(3:11). 이 터 위에는 여러 종류의 구조물이 세워질 수 있다. 어떤 것은 귀한 자재들, 즉 금이나 은이나 보석으로, 어떤 것은 좀 가치 없는 물질인 나무나 풀이나 짚으로 세워진다. 그랬다가 종말론적 심판의 날에 종말론적 불이 이 모든 것을 시험할 것이다(마 3:12을 보라). 그때 어떤 건물은 든든히 서 있을 것이나, 어떤 것은 가치 없고 임시적인 것임이 드러날 것이다. 그러면 그들은 정죄받을 것이다. 이 말을 한 후에 바울은 아주 중요한 말을 덧붙인다. "만일 누구든지 그 위에 세운 공적(structures)이 그대로 있으면 상을 받고"(3:14). 이것은 구원이나 칭의의 상이 아니다. 왜냐하면 칭의나 구원은 선물이지 상이 아니기 때문이다. 이 상이 무엇일까 생각하는 것은 무익한 사변이다. 반면 그리스도의 터 위에 무가치한 건물을 세우면 그것은 나타날 불에 의해 소멸될 것이다. 그러나 그리스도의 터 위에 세워졌으므로 "자신은 구원을 받되 불 가운데서 받은 것" 같을 것이다(3:15). 우리는 다시 한 번 이것이 모든 그리스도인에게가 아니라, 기독교 지도자들에게 직접 적용되는 것임을 주목해야 한다. "나는 심었고 아볼로는 물을 주었으되 오직 하나님께서 자라나게 하셨나니"(3:6). 그러므로 이 구절도 모든 그리스도인이 하나님의 심판대 앞에 나타나리라고 말한 것과 모순되지 않는다. 단지 다음과 같은 사실을 덧붙여 준다. 즉, 기독교 지도자들이 받을 심판에는 특별한 근거가 있을 것이라는 사실이다.

복음서의 다른 구절들도 심판이 그리스도인들의 행함에 근거하여 이루어짐을 보여 준다. 예수님께서 한번은 어떤 사람이 타국에 갈 때 그 종들을 불러 자기 소유를 맡기는데 '각각 그 재능대로' 한 사람에게는 금 다섯 달란트(한 달란트는 아마도 1,000불, 즉 약 120만 원쯤 된다. - 역주)를, 또 다른 사람에게는 두 달란트를, 또 다른 사람에게는 한 달란트를 주고 떠나는 주인의 비유를 하신 일이 있다(마 25:14-30). 다섯 달란트 받은 사람은 다섯 달란트를 더 남겼고, 두 달란트 받은 사람도 두 달란트를 더 벌었다. 그런데 한 달란트 받은 사람은 무엇을 해 보려고도 하지 않고 땅을 파고 그 돈을 감추어 두었다.

주인이 돌아와서 회계할 때 주인은 다섯 달란트 받은 자에게 이렇게 말한다. "잘하였도다 착하고 충성된 종아 네가 적은 일에 충성하였으매 내가 많은 것을 네게 맡기리니 네 주인의 즐거움에 참여할지어다"(마 25:21). 두 달란트 받은 자도 동일한 보상을 받는다.

여기에 영광스러운 진리가 있다. 하나님께서는 그리스도인들의 봉사를 평가하실 때, 그가 한 일만 보지 않으시고 그가 섬기면서 가졌던 신실성을 보신다.

아무것도 남기지 못한 한 달란트 맡은 자에게 예수님께서는 아주 엄격하게 말씀하신다. "그에게서 그 한 달란트를 빼앗아 열 달란트 가진 자에게 주라…이 무익한 종을 바깥 어두운 데로 내쫓으라 거기서 슬피 울며 이를 갈리라 하니라"(마 25:28-30).

만일 이 말을 문자 그대로 해석한다면 신실치 못한 제자는 그의 구원을 잃을 것이라는 가르침이다. 이렇게 극단적인 비유를 쓰는 것이 예수님이 가르치시는 방법이다(마 18:34를 보라). 그리고 아무것도 하지 않는 제자란, 사실 제자라는 말과 모순된다. 만일 신앙을 고백하는 제자가 자신의 삶을 완전히 낭비해서 예수님께서 그에게 맡기신 사명에 대해 아무것도 하지 않는다면, 그는 사실 자신의 신앙 고백을 부인하는 것이고 그것이 아무것도 아닌 빈말이었음을 나타내는 것 외에 아무것도 아니다.

신약 성경은 이런 악한 자들에 대한 최후 정죄에 대해 많은 말을 하고 있다. 그러나 이 개념이 흠정역에서는 좀 덜 분명하다. 악한 자들이 죽을 때의 운명을 지칭하는 희랍어에는 두 가지가 있다. 그것은 '하데스'(ᾅδης, Hades)와 '게헨나'(γέεννα, Gehenna)이다. 유감스럽게도 흠정역에서는 이 두 가지 단어를 모두 '지옥'(hell)이라고 옮기고 있다. 그러나 하데스는 구약의 '스올'에 상당하는 말이고 따라서 개정역에서와 같이 '죽음'이나 '무덤'이라고 옮겨야 한다(마 11:23; 16:18; 눅 16:23; 행 2:27, 31; 계 1:18; 6:8; 20:13-14을 보라). (우리말성경에는 다행히도 구약과 같이 '음부'라고 옮겨 중성적인 입장을 취하고 있다. - 역주) 또한 개정역은 '게헨나'를 지옥이라고 옳게 옮기고 있다. 이 말은 '게힌놈', 즉 힌놈의 골짜기를 의미하는 히브리어의 음역어이다. 이 골짜기는 예루살렘 남편에 있는 것으로, 자녀들을 불로 살라 몰렉에게 드린 골짜기이다(대하 28:3; 33:6). 이것이 심판에 대한 예언적 상징이 되었고(렘 7:31-32), 후에는 최후의 심판을 상징하게 되었다. 예수님께서는 몸과 영혼을 능히 지옥에 던질 권세를 지닌 하나님을 두려워하라고 하셨다(눅 12:5; 마 10:28; 참고, 마 5:29-30). 이곳은 꺼지지 않는 불(막 9:43)과 영원한 불의 장소(마 18:8)로 묘사되었다. 요한계시록은 최후의 심판을 불과 유황의 못으로 묘사한다(계 20:10).

예수님께서는 악한 자들이 "마귀와 그 사자들을 위하여 예비된 영원한 불에" 던져질 것이라고 말씀하셨다(마 25:41). 이 불못은 마귀와 짐승과 생명책에 기록되지 못한 자의 운명의 장소가 될 것이다(계 20:10, 15). 이 말이 물리적인 불을 의미하는 것으로 해석될 수 없음은, 죽음과 하데스(음부)도 불못에 던져진다는 사실에서 나타난다. 이것은 둘째 사망이다(계 20:14). 우리 주님께서는 최후의 심판을 불(마 13:42, 50; 25:41)과 어두움(마 8:12; 22:13; 참고, 벧후 2:17; 유 1:13)의 용어로 묘사하신다. 불과 어두움 모두 최후 심판을 극적으로 말하는 방식이며, 이 말들은 그리스도 안에 있는 하나님과의 함께함이나 하나님의 축복에서 제외되는 두려운 심판을 묘사한다(마 7:23; 25:41).

바울은 그리스도의 복음에 순종하지 않는 사람들의 최후 상태를 다음과 같이 말한다. "이런 자들은 주의 얼굴과 그의 힘의 영광을 떠나 영원한 멸망의 형벌을 받으리로다"(살후 1:9; 살전 5:3도 보라). 반역과 완고함은 하나님의 의로우신 판단이 나타나는 그날에 임할 진노를 자신 위에 쌓는 방법이다(롬 2:5, 8; 5:9; 살전 1:10; 5:9도 보라). 바울은 또한 구원받지 못하는 자들의 운명을 멸망받는 것으로 묘사하기도 한다. 이것은 현재(고전 1:18; 고후 2:15; 4:3)나 미래(롬 2:12; 살후 2:10) 모두에 적용된다. 이 종말론적인 운명은 또한 파멸(destruction)이기도 하다(빌 3:19; 롬 9:22. 우리말로는 앞의 것과 동일한 '멸망' 또는 '멸함'으로 옮겼다. - 역주). 이와 함께하는 것이 죽음이란 개념이다. 죽음은 참으로 죄의 삯이다(롬 5:12; 6:23). 이 죽음은 육체의 죽음이지만(롬 8:38; 고전 3:22), 그 이상을 포괄한다. 그것은 죽음이 영생과 대립됨에서 잘 나타난다(롬 6:23; 7:10; 8:6; 고후 2:16). 죽음은 현재 사실을 말하기도 하고(롬 7:10f; 엡 2:9), 미래 사실을 말하기도 한다(롬 1:32; 6:16, 21, 23; 7:5). 우리는 요한계시록 20:14의 불못이 '둘째 사망'임을 기억하게 된다. 이것의 중심 사상은, 극치에 이른 하나님 나라에서 주님 앞에서 쫓겨난다는 것(살후 1:9), 그리고 주님과 함께하는 즐거움에서 오는 생명의 축복을 잃는다는 것이다. 바울이 사용하는 용어들은 그것이 죄와 불신앙의 보응임을 명백히 한다. 그러나 바울은 그것이 어떤 운명을 뜻하는지는 어디서도 말하지 않는다.

천년왕국 후의 최후의 심판은 흔히 '백보좌 심판'이라 불린다(계 20:4). 이때는 이중의 심판 기준이 있다. 첫째는 책들이 펴 있는데 "죽은 자들이 자기 행위를 따라 책들에 기록된 대로 심판"을 받는다(계 20:12). 바울이 말한 것처럼 사람들은 그들의 행위에 따라 심판을 받는다. 로마서 2장에서 바울은 각 사람이 각기 다른 기준에 따라 심판받을 것을 말한다. "무릇 율법 없이 범죄한 자는 또한 율법 없이 망하고 무릇 율법이 있고 범죄한 자는 율법으로 말미암아 심판을 받으리라"(롬 2:12). 모세의 율법을 가지지 않은 이방인들은 창조 때에 하나님께서 그들에게 주신 빛에 따라 심판을 받을 것이다. "이는 하나님을 알 만한 것이 그들 속에 보임이라 하나님께서 이를 그들에게 보이셨느니라 창세로부터 그의 보이지 아니하는 것들 곧 그의 영원하신 능력과 신성이 그가 만드신 만물에 분명히 보여 알려졌나니 그러므로 (하나님을 섬기지 않은 것에 대하여) 그들이 핑계하지 못할지니라"(롬 1:19-20).

이방인들도 그들 속에 빛—양심의 빛—을 가지고 있다.

> 율법 없는 이방인이 본성으로 율법의 일을 행할 때에는 이 사람은 율법이 없어도 자기가 자기에게 율법이 되나니 이런 이들은 그 양심이 증거가 되어 그 생각들이 서로 혹은 고발하며 혹은 변명하여 그 마음에 새긴 율법의 행위를 나타내느니라 곧 나의 복음에 이른 바와 같이 하나님이 예수 그리스도로 말미암아 사람들의 은밀한 것을 심판하시는 그날이라(롬 2:14-16).

분명하지는 않지만 이 본문은 심판의 정도가 다를 것임을 시사해 준다. 즉, 사람이 가진 (계시의) 빛의 정도에 따라 다른 방식의 심판이 될 것이다. 그러나 최후의 기준은 예수 그리스도의 복음이 될 것이다. "또 다른 책이 펴졌으니 곧 생명책이라/ 누구든지 생명책에 기록되지 못한 자는 불못에 던져지더라"(계 20:12, 15).

악한 자들에 대한 심판은 그 자체가 목적이 아니라 이 세상에 하나님의 통치를 수립하기 위해 필요한 행위일 뿐이다. 하나님께서는 사람들이 당신께 돌아오도록 최선을 다하셨다. 그래도 은혜를 거부한 자들은 심판을 받아야만 한다. 왜냐하면 마지막에는 하나님께서 그분의 거룩하신 뜻에 대한 어떠한 반대도 참으실 수 없기 때문이다.

바울의 어떤 말들로부터 바울이 사람과 천사 모두를 포괄하는 모든 피조물의 우주적 구원으로 이해될 수 있는 '우주적 귀환'(a universal homecoming)이라는 최종적 화목을 기대했다고 생각하는 사람들이 있다. 이런 해석은 사실 바울의 말을 그 문맥에서 잘라 내어 읽은 것이다. 골로새서 1:20에서 바울은 하늘에 있는 것이나 땅에 있는 것이나 만물을 그분과 화목하게 하신 그리스도의 사역을 말하고 있다. 또한 빌립보서 2:9-11에서 바울은 그리스도께서 성육신과 죽음으로까지 낮아지셨으므로 "하나님이 그를 지극히 높여 모든 이름 위에 뛰어난 이름을 주사 하늘에 있는 자들과 땅에 있는 자들과 땅 아래에 있는 자들로 모든 무릎을 예수의 이름에 꿇게 하시고 모든 입으로 예수 그리스도를 주라 시인하여 하나님 아버지께 영광을 돌리게 하셨느니라"라고 말한다. 그러나 이런 구절에서 말하는 우주적 화목은 모든 곳에서 평화가 회복되었음을 의미하는 것이다. 예수님을 모두가 주라 시인하는 것은 우주적인 구원과 동일한 것이 아니다. 바울의 종말론에는 회피할 수 없는 엄격한 요소가 있다. 그때에는 자원하는 마음은 아닐지라도, 그리스도의 통치에 머리를 숙이고 복종해야만 하는 것이다. 그리하여 결국에는 그리스도께서 그의 왕국을 아버지께 바칠 것인데, 이는 "하나님이 만유의 주로서 만유 안에 계시려 하심"이다(고전 15:28).

이제 한 구절만 더 생각해 보자. 마태복음 25장에 나오는 양과 염소의 비유 말이다. 인자가 그의 모든 천사와 함께 오셔서 영광의 보좌에 앉으실 것이다. 그러면 그의 앞에 세상의 모든 민족이 모여들 것이고 마치 팔레스타인의 목자가 매일 오후 양과 염소를 가르듯이 인자는 그들을 분리시킬 것이다. 의로운 자들, 즉 오른편에 있는 양들에게 인자는 이렇게 말한다. "창세로부터 너희를 위하여 예비된 나라를 상속받으라"(25:34). 그들은 영생에 들어간다(25:46). 악한 자들, 즉 왼편에 있는 염소들에게는 "저주를 받은 자들아 나를 떠나 마귀와 그 사자들을 위하여 예비된 영영한 불에 들어가라"(25:41)라고 말한다. 그들은 영벌에 처해진다.

이 극적인 비유를 어렵게 만드는 것은 심판의 기준이다. 의로운 자들이 영생에 들어가는 것은 "내가 주릴 때에 너희가 먹을 것을 주었고 목마를 때에 마시게 하였고 나그네 되었을 때에 영접하였고 헐벗었을 때에 옷을 입혔고 병들었을 때에 돌보았고 옥에 갇혔을 때에 와서 보았"기 때문이다(25:35-36). 의로운 자들은 놀라서 이렇게 묻는다. "주여 우리가 어느 때에 주께서 주리신 것을⋯나그네 되신 것을⋯헐벗으신 것을⋯옥에 갇히신 것을 보고" 돌보았습니까?(25:37-39) 임금은 이렇게 대답한다. "내가 진실로 너희에게 이르노니 너희가 여기 내 형제 중에 지극히 작은 자 하나에게 한 것이 곧 내게 한 것이니라"(25:40). 악한 자들도 자신들에 대한 심판에 놀라서 그들은 예수님께서 그런 상태에 있던 것을 보고 도울 기회가 없었다고 말한다. 그들에게도 예수님께서는 똑같이, "이 지극히 작은 자 하나에게 하지 아니한 것이 곧 내게 하지 아니한 것이니라"라고 하신다(25:45).

이것이 세대주의자들에게는 아주 중요한 구절이다. 왜냐하면 그들은 이것을 사람들의 최후 심판과는 다른 것으로 취급하기 때문이다. 최후 심판에서는 하나님께서 크고 흰 보좌에 앉아 계시나(계 20:11), 마태복음 25장에서는 사람들이 인자의 보좌 앞에 선다. 그러므로 세대주의자들은 이 비유를 각 민족들이 그리스도의 천년왕국에 들어가게 될 것인가 아닌가를 결정받는 민족들에 대한 심판으로 본다. 여기 '내 형제'는, 대환난 기간 동안에 회개하고 돌아와 이방에 나아가서 그리스도의 임박한 천년왕국의 임재를 선언한 유대인(그들이 예수님의 동족이니까)을 뜻한다는 것이다. 그러므로 예수님의 유대인 형제들을 친절하게 대우한 이방인들, 즉 그들을 받아들이고 그들이 선포하는 사신(使信)을 받아들인 사람들은 천년왕국에 들어갈 수 있을 것이나, 그들과 그 소식을 거부한 사람들은 천년왕국에 들어갈 수 없게 되리라는 것이다.

그러나 여기에는 세 가지 주해적인 문제가 있다. 이 심판이 과연 백보좌 심판과 다른 것인가? 그 나라를 상속한다는 것이 천년왕국에 들어간다는 것을 의미하는가? 예수님의 형제들이란 '육체를 따라 친척 된' 유대인들을 의미하는가?

온 민족들이 하나님의 보좌 대신에 인자의 보좌 앞에 선다는 것만으로는 이 심판을 백보좌 심판과 다른 것으로 볼 이유가 없음은 명백하다. 우리는 이미 이 둘이 같은 것임을 살펴보았다. "우리가 다 반드시 그리스도의 심판대 앞에 나타나게 되어"(고후 5:10), 그리고 "우리가 다 하나님의 심판대 앞에 서리라"(롬 14:10)는 두 말씀에 비추어 볼 때, 이 두 심판대는 서로 바꾸어 쓸 수 있다는 것이 명백하다.

둘째로, 본문은 축복받은 자들이 들어가는 나라가 천년왕국이 아닌 것과 영벌에 들어가는 자들이 단순히 그 나라에서 쫓겨나는 것이 아닌 것을 분명히 하고 있다. 본문 자체는 이렇다. "그들은 영벌에, 의인들은 영생에 들어가리라"(25:46). 영벌과 영생이다. 이 본문은 임시적인 지상 왕국에 들어가는 것과 지상 왕국에서 제외되는 것이 아니라, 최종적이고 영원한 형벌과 상급을 말하고 있다. 셋째로, 여기의 형제란 말을 예수님의 유대인 형제들로 이해할 주석적 근거가 없다. 오히려 우리는 예수님께서 형제들이라고 하실 때 자신의 영적인 형제들을 생각하셨으리라는 주석적 증거를 가지고 있다. 한번은 예수님의 모친과 형제들이 예수님을 찾아온 적이 있었다. 그때 예수님은 "누가 내 어머니이며 내 동생들이냐"라고 질문하셨다. 그러고는 손을 들어 제자들을 가리키면서 "나의 어머니와 나의 동생들을 보라 누구든지 하늘에 계신 내 아버지의 뜻대로 하는 자가 내 형제요 자매요 어머니이니라"라고 말씀하신 일이 있다(마 12:48-50). 이 말로 예수님께서 의미하신 것은 영적 관계가 자연적인 인간관계를 초월한다는 것이다.

이렇게 만일 형제들이 예수님의 제자들이고 이 심판이 종말론적 최후 심판이라면, 우리는 이 구절을 어떻게 해석할 수 있을까? 이 비유는 예수님의 제자들이 복음을 전파하러 다닐 때 경험한 것을 잘 묘사해 준다. 모든 사람들이 제자들을 영접한 것은 아니었다. 많은 사람들이 제자들을 거부하고 냉대했다. 먼저 우리는 제자들이 경험한 사역의 성격을 상기해 보아야만 한다.

> 갈지어다 내가 너희를 보냄이 어린양을 이리 가운데로 보냄과 같도다 전대나 배낭이나 신발을 가지지 말며 길에서 아무에게도 문안하지 말며 어느 집에 들어가든지 먼저 말하되 이 집이 평안할지어다 하라 만일 평안을 받을 사람이 거기 있으면 너희의 평안이 그에게 머물 것이요 그렇지 않으면 너희에게로 돌아오리라 그 집에 유하며 주는 것을 먹고 마시라 일꾼이 그 삯을 받는 것이 마땅하니라 이 집에서 저 집으로 옮기지 말라 어느 동네에 들어가든지 너희를 영접하거든 너희 앞에 차려놓는 것을 먹고 거기 있는 병자들을 고치고 또 말하기를 하나님의 나라가 너희에게 가까이 왔다 하라 어느 동네에 들어가든지 너희를 영접하지 아니하거든 그 거리로 나와서 말하되 너희 동네에서

우리 발에 묻은 먼지도 너희에게 떨어 버리노라 그러나 하나님의 나라가 가까이 온 줄을 알라 하라(눅 10:3-11).

보라 내가 너희를 보냄이 양을 이리 가운데로 보냄과 같도다 그러므로 너희는 뱀같이 지혜롭고 비둘기같이 순결하라 사람들을 삼가라 그들이 너희를 공회에 넘겨주겠고 그들의 회당에서 채찍질하리라 또 너희가 나로 말미암아 총독들과 임금들 앞에 끌려가리니 이는 그들과 이방인들에게 증거가 되게 하려 하심이라(마 10:16-18).

다시 말하면 예수님의 제자들은 하나님 나라에 관한 좋은 소식을 전하러 나갈 때, 굶주림과 목마름, 벗음과 옥에 갇힘을 감수해야만 했다. 그러나 예수님께서는 말씀하시되 "너희를 영접하는 자는 나를 영접하는 것이요 나를 영접하는 자는 나를 보내신 이를 영접하는 것이니라"(마 10:40)라고 하신다. 다른 말로 하면, 예수님을 친히 보거나 듣지 못한 사람들이라도 그가 보내신 자들을 영접하여 먹을 것과 마실 것을 주고, 그들이 채찍질당하거나 옥에 갇혔을 때 그들을 돌보면, 그것을 예수님께 한 일과 동일하게 여기신다는 말이다. 그러나 사람들이 그들을 거부하고 그들의 말을 듣지 않으면, 그들을 마을에서 쫓아내고, 그들이 채찍질당하고 옥에 갇히는 것을 보면서도 아무런 도움을 주지 않으면 그들은 사실상 예수 그분을 거부하는 것이다.

이제 마지막으로 한 가지 문제가 더 있다. 만일 이것이 최후의 심판이라면 천년왕국에 대해 어떤 태도를 취해야 하는가? 천년왕국의 여지가 없는 듯이 보인다. 만일 이 구절을 우리가 해석한 대로 본다면 천년왕국이 있을 여지가 없음을 나는 솔직히 인정한다. 나는 무천년주의자가 되어야 할 것이다.

그러나 이 구절은 앞으로 어찌 될 것인가 하는 것에 대한 예언의 청사진이 아니다. 이것은 극적인 비유이다(이것이 래드 자신이 역사적 전천년주의자로 남게 된 이유이다. - 역주). 지금 예수님께서는 제자들에게 만방에 나가서 복음을 전하라는 사명을 주시고 이 세상을 떠나가실 것을 알고 계신다. 그래서 제자들에게 이런 말씀을 하고 싶으신 것이다. "나는 지금 이방인들의 운명을 너희들의 손에 맡긴다. 너희를 영접하고 환영하는 이는 나를 영접하고 환영하는 자이다. 그들은 심판의 날에 축복을 받을 것이다. 그러나 너희를 거부하고 배척하며 형벌을 주는 사람은 나에게 그렇게 하는 것이다. 따라서 그런 자들은 심판의 날에 어려움을 당할 것이다."

그러나 많은 복음주의자들이 지지하는 아주 다른 해석도 있다. 예수님의 형제들은 이 세상의 모든 가난한 자들과 배고픈 자들이고, 그들을 돕는 것이 자신이 예수님의 제자임을 본질적으로 증명하는 일이라는 것이다. 사실 이들은 그 행위로 구원을 얻는다. 그러나 율법적인 수행이라는 행위에 의해서가 아니라 예수 그리스도께 헌신된 삶에서 흘러나온 행위(또는 성령의 열매)에 의해 구원을 얻는다는 것이다. (즉, 행위로 구원받는 것이 아니라, 구원받은 자들은 선행을 한다는 것이다. - 역주)

    이런 해석에도 아무런 신학적 반대가 있을 수 없다. 왜냐하면 우리는 이미 이 장에서 그리스도인들의 선행은 예수 그리스도께 대한 신앙의 외적이고 가시적인 확증이라는 것을 살펴보았기 때문이다. 그러나 예수님의 형제들을 모든 불운한 사람들로 해석하는 주해적 근거는 찾을 수 없다. 그러므로 우리는 앞에서 다룬 해석을 지지하게 된다.

09

하나님의 나라

　우리는 이미 그리스도의 재림에 관한 장(章)에서 '하나님 나라'의 문제를 다룬 바 있다. 거기서 우리는 하나님과 사람을 관찰하는 성경의 근본적인 관점이, 사람은 이 땅에 거주하도록 창조되었으며, 하나님께서는 계속해서 때로는 구원하시고 때로는 심판하시기 위해서 역사 가운데로 사람을 찾아오시는 분임을 발견했다. 나사렛 예수님의 사명은 이 신적인 방문 외에 다른 것이 아니었다. 그러나 이 방문은 베일에 싸인 것이었다. 예수님께서는 역사 가운데 있는 사람들에게 하나님 나라의 축복을 가져다주시기 위해 죽을 인간의 몸과 피로 성육신하신 것이다. 그러나 그의 사명과 그 의미는 신앙의 사람들에게만 명백한 것이다. 그 밖의 많은 사람들이 보기에는 그는 마치 미친 사람 같았다(막 3:21). 그러므로 지금 그분의 것인 주권을 온 세상에 나타내기 위해 그의 재림은 절대적으로 필요한 것이다. 이 장(章)에서 하나님 나라의 신학을 좀 더 발전시켜 보기로 하자.

하나님 나라가 예수님의 가르침의 핵심임은 명백한 사실이다. 마태는 이 사실을 아주 명백하게 해 준다. 그는 예수님의 초기 사역을 이런 말로 요약한다. "예수께서 온 갈릴리에 두루 다니사 그들의 회당에서 가르치시며 천국 복음을 전파하시며"(마 4:23). 산상수훈의 주제도 하나님 나라이다(마 5:3, 10). 많은 비유를 담고 있는 비유장도 하나님 나라와 관계된 것이다(마 13:11). 예수님의 제자들 간의 교제에 관한 말씀도 사실은 하늘나라에서의 교제에 관한 것이다(마 18:1-4). 그리고 감람산의 대강화도 하나님 나라의 임재와 관련되어 있다.

이 주제를 더 정확히 이해하기 위해서 우리는 '아이온'(αἰών, aiōn)이란 특별한 단어를 조사해 볼 필요가 있다. 우리말로 '세상'(world)이라고 옮겨지는 희랍어는 신약 성경에 두 가지가 있다. '아이온'(αἰών, aeon)과 '코스모스'(κόσμος, kosmos)이다. 그러나 '아이온'과 '코스모스'를 모두 '세상'이라고 옮긴 번역은 아주 잘못된 것이며 독자들에게 귀중한 진리를 가르쳐 주지 않는 것이다. '코스모스'는 '조화된 전체'(an ordered whole)를 의미한다. 따라서 이 말은 전체로서의 우주와 전체로서의 인류에 적용될 수 있고, 또 때로는 하나님께 대항해 반역하고 있는 악한 인류에게도 적용된다. 반면 영어로 '세대'(*aiōn*)라는 말의 어근인 '아이온'은 확정할 수 없는 길이의 시간을 의미하는, 시간을 나타내는 단어이다. 희랍인들은 '영원'에 해당하는 단어를 가지고 있지 않았다. 단지 '에이스 톤 아이오나'(εἰς τὸν αἰῶνα, *eis ton aiōna*), 즉 'into the age'란 말이 '영원'이라는 의미로 쓰인 것이다.

이 단어가 복음서에서 사용된 가장 중요한 곳이 마가복음 10장이다. 한 부자 청년이 예수님께 찾아와 어떻게 해야 영생을 얻을 수 있는지 물었다(막 10:17). 여기 영생이란 말로써 그가 의미한 것은 모든 선지자들이 예언한 하나님의 종말론적 나라에서의 삶을 말한다. 이런 질문의 배경은 아마 구약에서 '영생'이란 말이 유일하게 나타나는 곳인 다니엘 12:2일 것이다. "땅의 티끌 가운데에서 자는 자 중에서 많은 사람이 깨어나 영생을 받는 자도 있겠고 수치를 당하여서 영원히 부끄러움을 당할 자도 있을 것이며"(단 12:2). 이 젊은 청년은 그가 어떻게 부활에 확실히 참여할 수 있으며 하나님이 통치하시는 새로운 세상에 확실히 참여할 수 있겠는가를 묻는 것이다. 그는 예수님의 대답에 만족하지 못하고 돌아갔다. 그때 예수님께서는 제자들에게 이렇게 말씀하신다. "재물이 있는 자는 하나님의 나라에 들어가기가 심히 어렵도다"(막 10:23). 또 덧붙여서, "하나님의 나라에 들어가기가 얼마나 어려운지"(막 10:24)라고 말씀하셨다.

본문의 뜻을 좀 더 명확히 하기 위해서 여기에 설명하기 위한 삽입적인 설명을 가해 보기로 하자. 마태복음의 병행 구절에서는 말이 상당히 다르다. "부자는 천국에 들어가기가 어려우니라"(마 19:23). "다시 너희에게 말하노니 낙타가 바늘귀로 들어가는 것이 부자가 하나님의 나라에 들어가는 것보다 쉬우니라"(마 19:24). 마태는 앞에서는 '천국'이라 하고, 뒤에서는 '하나님 나라'라고 하고 있다. 여기 무슨 차이가 있는가?

이 두 구절로부터는 아무것도 확언할 수는 없다. 첫 절에서도 마태는 '천국'이라 하는데, 마가는 '하나님 나라'라고 한다. 만일 차이점이 있다면 그것이 분명히 논의되어야 한다. 그러나 그런 것을 찾아낼 수가 없다. 그런데도 세대주의자들은 이 차이를 가정하고서 그 위에 자신들의 신학 체계를 세운다.

그러면 우리는 이 차이를 어떻게 설명할 것인가? 단순한 역사적 사실이면 충분하다. 즉, '하늘'(heaven)이란 유대인들이 흔히 '하나님'을 대신하여 사용하던 자연스러운 대체어였다는 사실이다. 유대인들은 하나님의 이름을 그만큼 높이고 존귀하게 여겼던 것이다. 예를 들면, 탕자가 집에 돌아왔을 때 그는 이렇게 말한다. "아버지 내가 하늘과 아버지께 죄를 지었사오니"(눅 15:18). 예수님께서도 이런 완곡어법을 쓰신 일이 있다. 산헤드린 앞에서 말씀하시기를, "이 후에 인자가 권능의 우편에 앉아 있는 것과 하늘 구름을 타고 오는 것을 너희가 보리라"(마 26:64)라고 하셨다. 마태복음만이 '천국'(즉, 하늘나라)이란 말을 사용한다. 왜냐하면 마태는 유대인 독자에게 편지를 쓰고 있기 때문에 그들의 어법에 맞도록 이 말을 쓴 것이다. 그러나 마태도 '하나님의 나라'라는 말을 네 번 사용하기도 했으므로 이를 철칙으로 생각할 수는 없다.

이제 주제로 돌아가서 그 젊은 부자 관원은 무엇을 해야 종말론적 생명을 얻게 될까를 물었다. 이에 대해 예수님께서는 하나님 나라 또는 천국에 들어가는 것으로 대답하신다. 그러므로 영생에 들어가는 것과 하나님 나라에 들어가는 것은 동의어이며, 모두 종말론적 질서에 속함이 명백하다.

이것은 마가복음 10:29-30을 볼 때 더 명백해진다. 여기서 예수님께서는 누구든지 '금세에'(이 시대에) 물리적 손실이나 고통을 당한 사람은 "내세에 영생을" 얻게 되는 축복을 받는다고 하신다 (막 10:30).

그 같은 두 세대 이론은 누가복음 20:34-36에서도 찾을 수 있다. "이 세상의 자녀들은 장가도 가고 시집도 가되 저 세상과 및 죽은 자 가운데서 부활함을 얻기에 합당히 여김을 받은 자들은 장가가고 시집가는 일이 없으며 그들은 다시 죽을 수도 없나니 이는 천사와 동등이요 부활의 자녀로서 하나님의 자녀임이라." 이 세대(this age)는 죽음과 사망의 세대이다. 그래서 혼인은 아주 중요한 제도이다. 그렇지 않으면 인류는 모두 사멸할 것이다. 그러나 오는 세대(the age to come)는 죽은 자들로부터의 부활로 시작될 것이며, 따라서 여기에 참여하는 자들은 어떤 점에서는 천사들과 같을 것이다. 즉, 그들은 다시는 죽지 않을 것이며 영생을 소유한 부활의 자녀들인 것이다.

또한 여러 비유들로 구성된 위대한 장인 마태복음 13장은 '오는 세대'의 시작이 될 또 다른 중요한 사건이 최후의 심판, 즉 이 세상 마지막에 있게 될 알곡과 가라지를 가르는 추수라는 것을 명백히 한다(마 13:39-40, 49).

두 세대의 용어가 '영원'을 의미하는 신학적 내용을 내포하지 않고 사용된 경우도 몇몇 군데에 있다. 마태복음 12:32을 예로 들어 보자. "누구든지 말로 인자를 거역하면 사하심을 얻되 누구든지 말로 성령을 거역하면 이 세상과 오는 세상에서도 사하심을 얻지 못하리라." 바울도 같은 표현을 사용하고 있다. 그리스도를 "모든 통치와 권세와 능력과 주권과 이 세상뿐 아니라 오는 세상(the age to come)에 일컫는 모든 이름 위에 뛰어나게"(엡 1:21) 하셨다고 말한다.

또 이 세대(또는 세상)의 성격을 말하는 구절들도 있다. 마태복음 13:22에서는 '세상의 염려'가 하나님 나라의 말씀을 막아 결실하지 못하게 한다고 하고, 갈라디아서 1:4에서 바울은 이 세상을 '이 악한 세대'라고 부른다. 또한 고린도후서 4:4에서는 사탄을 '이 세상의 신'(the god of this age)이라고 한다. 주권적인 지혜로 하나님께서는 사탄이 '이 세상의 신', 즉 불경건한 사람들의 예배의 궁극적 대상으로 불릴 만한 능력을 행사하도록 허락하셨다.

물론 사탄이 행하는 모든 일이 하나님의 주권적인 능력과 재가(裁可) 아래서 되는 것이기는 하지만 말이다.

이 세상에 있는 또 하나의 악은 사망이다. "자녀들은 혈과 육에 속하였으매 그도 또한 같은 모양으로 혈과 육을 함께 지니심은 죽음을 통하여 죽음의 세력을 잡은 자 곧 마귀를 멸하시며"(히 2:14).

이 모든 신약의 말씀들에서 우리는 구약의 예언서에서와 같은 신학을 찾아볼 수 있다. 이는 다음과 같이 간단히 도식화해 볼 수 있다.

창조	이 세대	오는 세대
	사망	영생

주의 날

구속사의 전 시기는 '주의 날'을 기점으로 해서 두 시대(또는 세계)로 나뉜다. 여기에 신약 성경은 몇 가지 특성을 더한다. 즉, 주의 날은 인자의 임하심, 죽은 자의 부활, 그리고 모든 사람에 대한 심판으로 나타날 것이라는 점이다.

이것은 그리스도의 승리의 통치를 말하는 것으로, 바울이 강조한 것이다. 부활에 대해 바울은 이렇게 말한다. "먼저는 첫 열매인 그리스도요 다음에는 그가 강림하실 때에 그리스도에게 속한 자요 그 후에는 마지막이니 그가 모든 통치와 모든 권세와 능력을 멸하시고 나라를 아버지 하나님께 바칠 때라 그가 모든 원수를 그 발아래에 둘 때까지 반드시 왕 노릇 하시리니 맨 나중에 멸망 받을 원수는 사망이니라"(고전 15:23-26). 여기서 우리는 하나님 나라의 정의에 해당하는 것을 발견한다. 즉, 하나님 나라는 원수들을 멸하시고, 따라서 그의 백성에게 통치의 축복을 가져다주시는 그리스도 안에 있는 하나님의 구속적 통치이다.

여기에는 몇 가지 피할 수 없는 결론이 뒤따른다. 먼저 하나님 나라는 사람의 일이 아니라, 본질적으로 하나님의 일이다. 우리는 성경 어디에서도 요즈음 많이 쓰는 대로 하나님 나라를 건설한다느니 하는 말을 찾아볼 수가 없다. 분명히 사람들이 그 나라의 복음을 선포하지만(마 24:14; 행 8:12; 28:31), 그 나라는 항상, 언제나 하나님의 나라요 하나님의 통치인 것이다. 더구나 그 나라가 이 시대에 승리하지 않으리라는 것은 명백하다. 즉, 이 세상(세대)은 인자가 와서 자신의 나라에서 악을 완전히 몰아내기 전까지는 악한 상태로 남아 있을 것이다. 바로 이것이 그리스도의 재림이 성경 신학에 있어서 그렇게도 중요한 이유가 된다. 그분의 승리에 찬 귀환이 없이는 죄와 사탄과 사망에 대한 궁극적 승리가 있을 수 없기 때문이다. 그러나 이 영광의 왕국은 분명히 올 것이다. 하나님의 모든 약속들은 그리스도의 재림 하나만을 남기고 모두 성취되었기 때문이다. 마지막으로 하나님 나라는 하나님의 구속 경륜이 단순히 개인의 영혼을 구원하는 데 있지 않음을 분명히 가르쳐 준다. 그것은 역사 전체에 관련된 경륜인 것이다. 우리는 이미 그리스도의 재림에 관한 장(章)에서 이것을 밝혔다. 하나님께서 이미 역사 가운데 개입하셨으므로 역사는 목적과 목표를 가진 것이다. 아니 오히려 구속사는 하나님 나라라는 유일의 목적과 목표를 가진 것이라고 말해야 할 것이다.

왕국의 종말론적 측면을 끝내기 전에 상당히 오래 논의된 문제 하나를 간단히 살펴보기로 하자. 그 영광의 왕국은 언제, 어떻게 임할 것인가? 이 질문 중 '언제'라는 말은 시간 계산에 관한 질문이 아니라, 구속사의 연장선에서 어느 지점에 이 사건이 일어나게 될 것인가에 관한 질문이다.

우리는 이미 앞서 인용한 구절들로부터 그 종말론적 왕국은 주의 날에 인자가 임함, 죽은 자들의 부활, 그리고 최후의 심판이라는 연속되는 일련의 사건들에 의해서 시작됨을 솔직히 인정해야 할 것이다.

그러나 완전히 이 주제만을 다룬 한 책, 요한계시록에서 이 시간 구조의 변화를 찾아볼 수 있다. 그리스도의 승리는 그의 재림이라는 단일한 사건으로 완결되는 것이 아니며, 요한계시록 20장이 묘사하는 대로 사탄에 대한 승리는 두 국면으로 발생하는 것이다(이것은 역사적 전천년기설의 입장으로 요한계시록을 보는 것이다. - 역주).

이미 앞에서 살펴본 대로 그리스도와 그의 교회에 대적하는 사탄의 악의 세력은 마지막 시대에 적그리스도로 나타나게 될 것이다. 적그리스도는 성도들을 순교하게 할 만큼 강력하나, 결국에는 성도들의 그리스도에 대한 충성의 죽음으로, 그는 패배한다. 요한계시록 19장은 그리스도의 재림을 묘사한다. 여기서 강조점은 적그리스도를 파멸시키고 정복하시는 그의 능력에 놓여 있다. 그래서 그는 전마(戰馬)를 탄 전사로 묘사된다. 그리하여 적그리스도의 짐승과 거짓 선지자도 산 채로 유황불 붙는 못에 던져진다(계 19:20). 그러자 묵시자는 이제 적그리스도 배후의 세력인 사탄에 대한 그리스도의 승리에 주의를 집중시킨다. 사탄은 이제야 비로소 천사에 의해 큰 쇠사슬로 묶여 무저갱에 던져져서 "다시는 만국을 미혹하지 못하게" 된다(계 20:3). 이 결박이 천 년간 계속된다.

그와 동시에 요한은 적그리스도에 의해 순교당한 순교자들의 영혼을 본다. "또 내가 보좌들을 보니 거기에 앉은 자들이 있어 심판하는 권세를 받았더라…(그들이) 살아서 그리스도와 더불어 천 년 동안 왕 노릇 하니 (그 나머지 죽은 자들은 그 천 년이 차기까지 살지 못하더라) 이는 첫째 부활이라"(계 20:4-5). 그러나 천 년이 차면 사탄이 옥에서 놓여 사람들의 마음을 현혹해서 그리스도께서 친히 천 년 동안 통치하셨음에도 불구하고 사람들의 마음이 여전히 악하고 반역적임을 나타낼 것이다(여기에 전천년기설의 약점이 있다. - 역주). 그러면 하늘에서 불이 내려와 저희를 사르고 둘째 부활이 있게 된다. 그 나머지 죽은 자들도 심판받기 위해 부활한다(참고, 계 20:5). 이제 그들 모두가 하나님의 보좌 앞에 서서 그들의 행위에 따라 심판을 받게 된다. 그뿐 아니라 "누구든지 생명책에 기록되지 못한 자는 불못에 던져지더라"(계 20:15)라고 한다. 여기서 그리스도의 승리는 완결된다. 마귀는 그리스도에 대항하여 군대를 일으켰을 때 불과 유황 못에 던져졌고(계 20:10), 이젠 심판도 완결되어 "사망과 음부(hades, 무덤)도 불못에 던져지니 이것은 둘째 사망 곧 불못이라"(계 20:14)라고 했다.

이 본문에 기초하여 세워진 신학적 견해를 천년주의 또는 천년기설이라고 한다. 왜냐하면 이 견해는 오는 세대가 시작되기 전에 역사 가운데서 이 땅 위에 이루어질 천 년간의 그리스도 통치를 예견하기 때문이다. 그리고 이런 견해를 주장하는 자들을 '전천년주의자'라고 하는데 이는 천 년간의 통치 전에 그리스도의 재림을 놓는 까닭이다. 이것은 요한계시록 본문의 가장 자연스러운 해석이며, 따라서 필자도 이 견해를 지지한다. 그러나 한 가지는 용인되어야 한다. 그리스도의 천 년 통치를 말하는 성경이 오직 이곳뿐이라는 점이다. 그러나 그 사실(오직 이곳에서만 천년왕국이 언급되어 있다는 사실 - 역주)로 말미암아 전천년주의자가 설 수 없는 것은 아니다. 결국 구약 시대 후기의 어느 선지자도 결코 교회 시대를 예견한 것은 아니었다. 그들은 모두 주의 날이라고 이름하는, 이스라엘이 그 안에서 활동하는 미래를 바라본 것이다. 다른 말로 하자면, 예언은 멀리 미래를 내다보는 것이다.

중요한 문제는 천 년이 무엇을 의미하느냐 하는 것이다. 이에 대해 성경이 말하는 바는 단지 사탄이 천 년 동안 결박당해 "다시는(혹은 더 이상) (적그리스도 아래에서처럼) 만국을 미혹하지 못하게"(계 20:3) 했다는 것이다. 말하자면 그리스도의 통치가 만방에 미치는 오는 세대 전에 역사 안에서의 천 년 기간이 있어서 정치적, 사회적, 경제적 통치가 있도록 하나님께서 규정하셨다는 것이다. 그러나 이런 사회 안에서도 사람의 마음은 여전히 하나님께 반역해서, 사탄이 잠시 놓이게 되면 그의 미혹을 받아, 최후의 심판에서 악한 자들에 대한 하나님의 작정이 실현된다는 것이다.

그러나 많은 학자들은 이런 해석을 받아들이지 않고 '첫째 부활'을 달리 해석하려 한다. 천 년 기간을 이 세상에서의 교회의 승리와 선교의 시기로 보는 일단의 학자들이 있다. 따라서 영혼을 구하는 것만이 아니라, 정치나 경제나 사회 문제 등에 기독교가 영향력을 끼쳐서 변혁시키는 것도 교회의 일이라는 것이다. 그럴 때, 황금시대인 천년기가 이 세상 안에서 교회를 통해 하나님의 사역으로 이루어질 것이라고 한다. 이런 학자들은 이 세상의 명백한 악에도 불구하고 이 세상이 실제로는 점점 좋아지고 있다고 주장하며, 마침내 그 황금시대에도 이르리라고 한다. 과거에는 이 견해를 주장하는 학자들이 많이 있었다. 그러나 오늘날에는 소수만이 이 견해를 지지한다. 이를 후천년주의라 한다.

왜냐하면 천년기 뒤에야 오는 세대를 시작할 그리스도의 재림이 있을 것이라고 주장하기 때문이다.

많은 경건한 복음주의적 그리스도인들이 지지하는 '무천년주의'라고 불리는 또 하나의 견해가 있다. 이는 미래에 문자적인 천년왕국은 없을 것이라는 견해이다. 요한계시록 20장은 '오는 세대'가 그리스도의 오심으로 시작되었다는, 성경의 다른 곳의 진술들에 비추어 해석되어야 한다고 그들은 주장한다. 따라서 '천년'이란 교회 시대를 의미하는 영적인 것으로 해석되어야만 한다는 것이다. 이 견해에는 두 가지 형태가 있다. 그 하나에 의하면 요한계시록의 이 말씀은 짐승에 의해 죽임당한 순교자들에게 장차 있을 일을 예언하고 있다고 한다. 즉, 그들이 순교당했을 때, 그들은 죽는 대신, 실제로는 죽음에서 다시 살아나서 그리스도의 승리와 그의 통치에 참여한다. 따라서 사탄은 더 이상 그들을 해할 수 없는 무력한 존재가 된다는 것이다.

좀 더 보편적인 무천년주의적 해석은 '천 년'이란 교회 시대와 동일한 것으로, 이 세상에서의 교회를 통한 그리스도의 영적 통치를 말한다는 것이다. 이 견해와 후천년주의자들의 차이는, 교회를 통한 그리스도의 통치가 계속 정치 질서를 변혁시켜 그것이 하나님 나라가 되게 하려는 것은 아니라는 데에 있다.

이런 견해를 지지하는 많은 성경 구절이 있음은 인정해야 한다. 성경은 성도들이 그리스도의 승리와 통치에 참여할 것임을 명백히 가르친다. "허물로 죽은 우리를 (하나님께서) 그리스도와 함께 살리셨고…또 함께 일으키사 그리스도 예수 안에서 함께 하늘에 앉히시니"(엡 2:5-6). 영적으로는 우리는 이미 죽음에서 살아나서 하늘에 올려져 그리스도와 함께 하나님 우편에 앉아 있다. 이것이 요한계시록 20장이 가르치는 것이다.

필자는 이런 종말론적 견해를 가지지 않지만, 한 가지는 분명히 말할 수 있다. 즉, 이런 견해를 지지하는 그리스도인들은 자유주의적 해석학 때문이 아니라, 하나님의 말씀이 그런 해석을 요구한다고 믿기 때문에 그렇게 생각한다는 것이다. 그러나 필자의 생각으로는 요한계시록을 더 자연스럽게, 즉 전천년주의로 해석할 수 없는 이유를 찾을 수가 없다.

천년왕국 문제를 종결하기 전에 우리는 다른 형태의 전천년기설인 세대주의적 전천년기설을 언급하고 넘어가야 할 것이다. 이것은 아마도 미국에서 가장 인기 있는 전천년기설의 형태일 것이다(한국도 사정이 동일하다. - 역주). 여기서는 천년왕국이 근본적으로 유대인을 위한 것이라고 주장한다. 즉, 이스라엘이 팔레스타인으로 회복되어 성전을 재건하고 구약적 희생제 제도를 다시 수립하게 된다. 그때에야 비로소 민족으로서의 이스라엘에 대한 구약의 모든 예언들이 문자적으로 성취될 것이라고 한다. 이것은 하나님께서 이스라엘과 교회라고 하는 서로 다른 구원의 계획과 축복을 부여할 서로 다른 두 백성을 가지고 계신다는 확신에서 나온 해석이다. 즉, 이스라엘을 위한 신정적이고 지상적인 경륜과 교회를 향한 보편적이고 영적인 경륜을 나누는 확신인 것이다.

이 견해를 소개했지만, 필자는 이를 용납할 수 없다. 독자들은 이스라엘의 미래에 대해 다룬 이 책의 2장을 상기하기 바란다. 히브리서 8장은 모형과 그림자의 시대, 즉 구약의 제사 제도는 그 제사가 나타내던 실체가 그리스도 안에서 성취된 후 폐기되었음을 명백히 말한다. 또한 로마서 11장은 민족으로서의 이스라엘은 구원받을 것이지만 교회와 동일하게 그리스도를 믿음으로써만 구원받을 것임을 분명히 말하고 있다. 오늘의 교회는 영적인 이스라엘이다. 그리고 문자적인 이스라엘도 마땅히 감람나무에 다시 접붙임을 받아 참된 하나님의 이스라엘에 편입되어야 할 것이다. 그러므로 천년왕국이 성격상 주로 이스라엘을 위한 것이라는 견해는 있을 수 없다.

천년왕국이 지나고, 오는 세대가 시작되었을 때 요한은 새 하늘과 새 땅, 그리고 그 위에 내려오는 거룩한 성, 새 예루살렘을 본다. 여기에 중요한 사실이 있다. 하나님 나라의 궁극적 장면은 지상적인 것이다. 변형된 땅이기는 하지만 그것은 지상인 것이다. 성경은 어디서든지 이것을 가르친다. 바울이 말한다. "(피조물이) 바라는 것은 피조물도 썩어짐의 종노릇한 데서 해방되어 하나님의 자녀들의 영광의 자유에 이르는 것이니라"(롬 8:21). 이 새 피조물(창조)의 모습에 걸맞은 것은 이 책의 7장에서 논의한 몸의 부활이다.

새롭게 된 땅에 대한 묘사는 매우 상징적이다. 하늘의 성, 새 예루살렘은 그 길이와 폭과 높이가 모두 일만 이천 스다디온 (1,500마일) 되는 장방형의 성으로 묘사되었다(계 21:16). 이것이 상징적인 척도임은 명백하다. 따라서 상상을 허용하지 않는다. 그리고 이 성은 124규빗(200피트)밖에 안 되는 낮은 성곽으로 둘려 있다. 1,500마일에 200피트라는 것은 전혀 비율이 맞지 않다. 그러나 대답은 간단하다. 옛날 성에는 성곽이 있었고, 따라서 요한은 하늘의 실재를 지상적인 언어와 용법으로 묘사하고 있는 것이다. 또 이 성엔 이스라엘 열두 지파를 상징하는 열두 진주 문이 있다(계 21:12-21). 그 성의 길은 이 땅에서 보지 못한 정금으로 된 길이다(계 21:21).

이런 상징적인 언어들로 표현된 실재는 다음과 같은 것임에 틀림없다. "보라 하나님의 장막이 사람들과 함께 있으매 하나님이 그들과 함께 계시리니 그들은 하나님의 백성이 되고 하나님은 친히 그들과 함께 계셔서"(계 21:3), "(그들이) 그의 얼굴을 볼 터이요"(계 22:4). 하나님께서 얼굴을 가지셨다는 말인가? 이를 깊이 생각해 보고 무슨 뜻인지 이해하려고 해 보라. "그의 얼굴을 볼 터이요."

마침내 하나님의 구속 경륜이 성취되었다. 그리스도께서는 그의 모든 원수들—적그리스도, 사탄, 사망—을 그의 발아래 복종시키셨다. 하나님께서는 구약(계 21:12)과 신약 시대(계 21:14)로부터 당신의 구속받은 백성을 모두 불러 모으셔서 구속된 땅에서 완전한 교제와 봉사와 예배에 참여시키셨다.

이제까지 우리는 하나님 나라의 미래에 대해 논의해 왔다. 그러나 우리는 하나님 나라가 또한 현세적 실재이기도 함을 지적하고 그 뜻을 살피지 아니할 수 없다. 예수님께서는 이렇게도 말씀하셨던 것이다. "그러나 내가 하나님의 성령을 힘입어 귀신을 쫓아내는 것이면 하나님의 나라가 이미 너희에게 임하였느니라"(마 12:28). "누구든지 하나님의 나라를 어린아이와 같이 받들지 않는 자는 결단코 그곳에 들어가지 못하리라"(막 10:15). 이 구절들, 또 이와 같은 다른 구절들은 무엇을 의미하는가?

다시 한 번 두 세대 이론, 즉 이 세대(혹은 세상)와 오는 세대(혹은 세상)로 돌아가 보자. 이제까지 우리는 오는 세상에 속한 하나님 나라를 다루어 왔다. 그러나 이제 성경을 좀 더 연구해 보면 이 세대와 오는 세대를 극단적으로 대립시키는 것이 잘못된 것임을 발견할 수 있을 것이다. 그리스도께서는 우리를 이 악한 세대에서 건지시려고 자기 몸을 드리셨다(갈 1:4). 그러므로 우리는 더 이상 이 세대(this age)를 본받지 말고 마음을 새롭게 함으로 변화를 받아야 한다(롬 12:2). 다른 말로 하면, 비록 우리가 이 악한 세대 가운데 살지만 사람을 구원하는 새로운 능력이 이 세상 안으로 들어왔다는 말이다. 또한 히브리서 6:5은 내세(the age go come)

의 능력을 맛보는 것에 대해 말한다. 이 썩고, 악하고, 죄와 사망이 지배하는 옛 세상에 살지만 우리는 새 시대의 능력과 생명을 경험할 수 있는 것이다. 이것은 무엇을 의미하는가? 이것은 어떻게 해서 오는 것이며 하나님 나라와는 어떤 관계가 있는가?

우리는 하나님의 나라를, 그의 모든 원수를 멸하시고 자기 백성에게 그의 통치의 축복을 가져다주시는, 그리스도 안에 있는 하나님의 통치라고 정의했다. 우리는 이 시대 끝에 그리스도께서 사탄의 세력을 두 단계로 멸하실 것임을 살펴보았다. 먼저는 사탄을 결박하여 천 년 동안 무저갱에 가두실 것이고, 후엔 그를 불못에 던져 넣으실 것이다. 그렇다면, 그리스도께서는 이미 사탄의 세력을 멸하기 시작하셨는가?

그 대답은 '분명히 그렇다.'는 것이다. 예수님의 가장 특징적인 이적 중 하나는 귀신을 쫓아내는 것이었다. 바리새인들은 그가 사탄의 세력으로 이를 행한다고 비난했다. 이에 예수님께서는 대답하시기를, 그런 일은 있을 수 없으니 그것은 사탄의 집안에 내분이 나서 서로 싸우는 것을 뜻하기 때문이라 하셨다. 그리고 예수님께서는 이 말을 덧붙이신다. "그러나 내가 하나님의 성령을 힘입어 귀신을 쫓아내는 것이면 하나님의 나라가 이미 너희에게 임하였느니라"(마 12:28). 여기에 하나님의 왕으로서의 통치가 지금 임했고 예수 안에서 성령의 능력으로 활동하고 있다는 명백한 확언이 있다! 이것은 예수님의 사역 안에서 살아 움직이는 하나님의 통치의 현존을 말하는 것 이외에 다른 것이 될 수 없다. 여기에 예수님께서 이런 말도 덧붙이신다. "사람이 먼저 강한 자를 결박하지 않고서야 어떻게 그 강한 자의 집에 들어가 그 세간을 강탈하겠느냐 결박한 후에야 그 집을 강탈하리라"(마 12:29). 예수님께서 귀신 들린 사람들을 구원하시기 전에 먼저 사탄이 결박되어야만 한다. 이 결박을 요한계시록 20장의 결박과 동일시하는 학자들이 있으나(무천년주의 견해에서 그렇다. - 역주), 이 두 결박의 배경은 전혀 다르다.

이 구절에서 문제가 되는 것은 '결박'이 대개는 완전한 행동의 통제를 의미하는데 성경에서 보면 이 본문의 결박은 그런 것이 아님이 명백하다는 점이다(성경의 비유적인 해석을 제대로 하다가 여기서 문자적인 해석으로 나아가는 이유를 물어야 할 것이다. - 역주). 정상급의 유럽 학자 중 한 사람은 사탄이 사실은 느슨한 긴 결박에 묶여 있는 것이라고 재미있게 말했다. 요점은 예수님께서 사탄의 영역, 즉 사탄의 집에 침입하셨으며 사탄에게 치명타를 가하여 그 능력을 다 사용할 수 없도록 사탄을 결박했다는 것이다.

이와 같은 것이 누가복음 10:18에서는 조금 다른 말로 확언되고 있다. 예수님께서는 제자들에게 귀신을 쫓아내는 권세를 주시고 보내신 후 그들이 돌아와 승리를 보고할 때 이렇게 말씀하셨다. "사탄이 하늘로부터 번개같이 떨어지는 것을 내가 보았노라." 이것은 사탄이 그의 거주지를 옮기게 되었다는 뜻이 아니고,

사탄이 권능의 위치에서 떨어지고 있음을 비유적으로 말하는 것이다. 그는 이제 그리스도의 능력으로 패했다. 이것은 마태복음 12:29과 같은 것을 말하는 것이다.

이렇게 예수님의 전 사역은 사탄에 대한 하나님 나라의 승리를 뜻한다. 히브리서 2:14-15도 그의 죽으심이 사탄에게 치명타를 가하는 것임을 말한다. "자녀들은 혈과 육에 속하였으매 그도 또한 같은 모양으로 혈과 육을 함께 지니심은 죽음을 통하여 죽음의 세력을 잡은 자 곧 마귀를 멸하시며 또 죽기를 무서워하므로 한평생 매여 종노릇하는 모든 자들을 놓아주려 하심이니." 여기서 핵심어는 '없이한다'(destroy)는 말이다. 그리고 우리의 용법에서 이 말은 '아무것도 아닌 것으로 만들다', '섬멸하다'라는 뜻이다. 그러나 희랍말로는 그런 뜻이 아니고 '활동하지 못하게 하다'(inoperative), 아니면 '유효하지 못하게 하다'(ineffective)라는 뜻이다. 그의 생애와 죽으심 모두에서 예수님께서는 사탄에게 치명타를 가하셨고, 그래서 사람들이 이제는 더 이상 사탄의 멍에 아래 놓여 있을 필요가 없게 된 것이다.

하나님 나라는 그의 원수들을 멸하시는 그리스도 안에서의 하나님의 통치를 의미한다. "맨 나중에 멸망받을 원수는 사망이니라"(고전 15:26). 우리는 사망이 천년기 후에 불못에 던져질 것임을 살펴보았다(계 20:14). 그런데 예수님께서는 벌써 죽음을 멸하시는 일을 하시지 않으셨는가? 확실히 그렇다. "그는 사망을 폐하시고 복음으로써 생명과 썩지 아니할 것을 드러내신지라"(딤후 1:10). 여기에 놀라운 말이 있다. "그가 사망을 폐하시고." 그는 이미 사망을 이기신 것이다. 사망을 정복하셨다.

이것은 무엇을 의미하는가? 그것은 아직 그가 죽음을 멸하셨다는 것을 의미할 수는 없다. 그리스도인이 아닌 사람들처럼 그리스도인들도 죽는다. 심리학으로도, 생리학으로도 그 둘 사이의 어떤 차이를 찾아낼 수 없다. 시신을 묻는 장례사가 볼 때도 그렇다. 그런데도 비그리스도인과 그리스도인들의 장례식에 차이가 있는가? 확실히 그렇다. 한 사람에게는 미래에 희망이라고는 없는 정말 가슴 아픈 최후의 이별이다. 그러나 그리스도인에게는 부활할 때까지의 잠시 동안의 이별의 인사(*au revior* 또는 *auf wiedersehn*[안녕])에 불과한 것이다. 우리의 몸은 죽지만 그리스도께서는 생명과 불멸을 가져다주신다. 그의 부활 자체가 종말론적인 사건이다. 그는 마지막 날의 시작인, 죽은 자의 첫 열매인 것이다.

신학자들은 이런 진리를 하나님 나라의 현재 또는 예수님의 부활이 '실현된 종말론'이라고 가르친다. 즉, 마지막 날의 사건 중 일부가 이미 역사 가운데에 심어졌다는 것이다. 우리는 하나님 나라란 그리스도 안에서의 하나님의 구속적 통치라고 말했다. 그렇다면 그리스도께서는 어디서 그의 구속적·중보적 통치를 시작하시는가? 그는 그의 모든 원수를 복종하게 하시기까지 반드시 왕 노릇 하시지 않는가?

많은 전천년주의자들은 그리스도 통치의 시작을 천년왕국으로 잡는다. 그러나 성경은 그가 이미 하나님의 우편에 앉으셨고 왕으로서 통치하신다는 것을 명백히 한다. "이기는 그에게는 내가 내 보좌에 함께 앉게 하여 주기를 내가 이기고 아버지 보좌에 함께 앉은 것과 같이 하리라"(계 3:21). 그리스도께서는 이미 보좌에 앉아 아버지 하나님과 함께 왕으로서 통치하고 계신다. "죄를 정결하게 하는 일을 하시고 높은 곳에 계신 지극히 크신 이의 우편에 앉으셨느니라"(히 1:3). "내가 네 원수로 네 발등상이 되게 하기까지 너는 내 우편에 앉아 있으라"(히 1:13). 예수님께서 하나님과 함께 계신다거나 그 오른편에 앉으셨다는 것은 그가 왕으로서 즉위하셨음을 뜻하는 말이다. 그리스도의 왕 되심과 주님 되심에는 하등의 차이가 없다.

그리스도가 낮아지셔서 순종하심에 대하여 하나님께서는 그를 높이셔서 그에게 모든 이름 위에 뛰어난 이름을 주시고, 모든 무릎을 예수님의 이름에 꿇게 하시고, 모든 입으로 예수 그리스도를 주라 시인하여 하나님 아버지께 영광을 돌리게 하셨다(빌 2:9-11). 이제 그의 이름은 예수가 아니다. 그것은 그가 사람으로 계실 때의 이름이었다. 그의 이름은 이제 '퀴리오스'(κύριος, kyrios), 즉 주님이신 것이다. 높아지심을 말하는 구절들은 그가 그의 모든 원수들을 그의 발밑에 두시기까지 그가 왕 노릇 하심을 의미한다. 모든 사람이 예수님의 주 되심을 인정하고 그의 보좌 앞에 머리를 숙여야 할 날이 올 것이다. 물론 어떤 이들은 기꺼이 그리하겠지만, 할 수 없어서라도 다 그렇게 해야 한다. 아무튼 그리스도는 주님으로서 통치하실 것이다. 그의 나라가 임할 것이고 그의 뜻은 하늘에서 이루어진 것같이 땅에서도 이루어질 것이다.

그러므로 신약 교회의 주된 고백은 예수님의 주 되심에 대한 고백이었다. "네가 만일 네 입으로 예수를 주로 시인하며 또 하나님께서 그를 죽은 자 가운데서 살리신 것을 네 마음에 믿으면 구원을 받으리라"(롬 10:9). 이는 두 가지 의미를 지닌다. "나는 하나님께서 예수님을 주로 높이셨음을 인정한다. 그러므로 나는 그를 나의 주로 모신다."

이것은 마가복음 10:15에 표현된 것과 똑같다. "누구든지 하나님의 나라를 어린아이와 같이 받들지 않는 자는 결단코 그곳에 들어가지 못하리라." 하나님의 왕으로서의 통치는 지금 내가 복종해야 하는 현재의 실재이다. 그리고 그것은 모든 사람이 그 앞에 머리를 숙이게 되는 마지막 날에 영광과 능력으로 나타날 것이다.

그러므로 앞서 도식화해 본 두 시대 이론의 구조는 좀 변경될 필요가 있다. 왜냐하면 '오는 세대(세상)'의 능력은 전적으로 미래에만 속한 것이 아니라 지금 그리스도 안에 있는 사람들에게는 벌써 작용하고 있기 때문이다. 따라서 다음과 같이 도표를 그려 볼 수 있을 것이다.

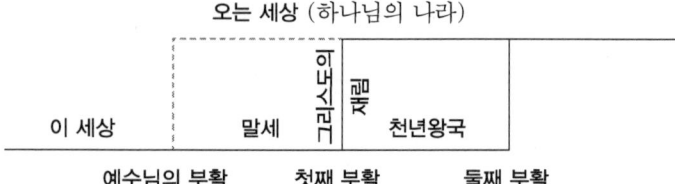

하나님 나라는 오는 세상(세대)에 속한다. 그러나 이미 앞에서 살핀 대로 하나님의 나라는 아직 능력과 눈에 보이는 영광으로는 아니지만 온유하고 겸손하신 나사렛 예수 안에서 이미 우리에게 임했다. 그 나라의 충만은 아직 실현되지 않았으나, 사탄은 이미 결박되었고 치명타를 받아 이제 불못에 던져질 최후의 운명을 기다리고 있다.

우리는 부활 곧 적어도 성도의 부활은 그리스도 재림 때 일어난다는 것을 보았다. 그러나 그리스도의 부활은 이미 종말론적 부활의 시작, 즉 첫 열매 외에 다른 것이 아니라는 것도 보았다 (고전 15:23). 여기에 이 악한 세대에 침투해 온 '오는 세상(세대)'의 축복이 있다. 예수님의 부활은 단순한 육체의 소생이 아니라, 이 썩음 중에서 썩지 아니할 것과 생명을 드러내신 것이다(딤후 1:10). 그러므로 신자들은 아직도 죽어야 하고 썩을 몸 안에서 살아가지만, 지금 여기서 예수님의 생명에 참여할 수 있다. 이것이 요한이 그렇게도 자주 영생을 현재적 축복으로 말한 이유이다. 이 생명은 예수 그리스도를 통하여 아버지 하나님을 알고 교제하는 것이다(요 17:3).

그리하여 우리는 예수님의 생명에 참여하여 영적 사망에서 영적인 생명으로 일으킴을 받았지만(엡 2:1-6), 우리의 몸은 아직 죽고 썩어야만 한다. 비록 몸은 죄로 인해서 죽지만, 영은 의를 인하여 산 것이다(롬 8:10). 다만 그리스도 재림 때 있을 부활에서 신자들이 '영적인 몸'(spiritual body)을 갖게 될 것이다. 즉, 성령의 능력으로 완전히 변화된 몸을 갖게 된다는 말이다. 그러나 성령의 사역은 이렇게 미래적인 것만은 아니다. "누구든지 그리스도의 영이 없으면 그리스도의 사람이 아니라"(롬 8:9). 하나님께서는 이미 우리의 영을 새롭게 하시도록 당신의 신을 우리에게 주셨다. 그리하여 마지막에는(in the eschaton) 그의 성령이 우리의 몸까지도 새롭게 하실 것이다. 이것은 오는 세대의 축복을 미리 맛보는 것이다. 성령의 현재 선물은 "우리 기업의 보증이 되사 그 얻으신 것을 속량"하시기 위한 것이다(엡 1:14). '보증'으로 옮겨진 말은 원래 단순한 보증 이상의 '분할금' 지급을 의미하는 말이다. 성령은 이미 내면적으로 우리를 새롭게 하셨다. 이 내면의 새롭게 하심은 부활 때 우리를 외적으로, 즉 육체적으로 새롭게 하실 성령의 충만한 은사라는 선불 계약금인 것이다.

이렇게 그리스도 안에 있는 하나님 통치의 현재, 즉 하나님 나라로 인해, 그리스도의 부활로 인해, 영생의 은사로 인해, 그리고 성령의 새롭게 하심으로 인해 우리는 '두 시대의 중간'(between the times)을 살고 있는 것이다. 우리는 여전히 이 악한 세대에 살아간다. 우리는 여전히 죽고 썩을 것이다. 우리는 구속받았으나 여전히 죄를 짓고 있다. 즉, 우리는 이 악한 세대와 오는 세대가 겹쳐진 새로운 세대에 들어와 있는 것이다.

성경은 이 기간을 가리켜 '말세'(the last days)라고 한다. 이것이 다음 두 구절에서 분명히 나타난다. 하나님께서 성령을 부어 주신 오순절, 베드로는 요엘서에 있는 성령의 선물에 대한 메시아적 예언을 인용하고서 이렇게 덧붙였다. "하나님이 말씀하시기를 말세에 내가 내 영을 모든 육체에 부어 주리니"(행 2:17). 구약에서 '말세'란 대개 역사의 마지막에 있을 하나님의 종말론적 왕국의 시기, 즉 메시아 시대를 의미했다(사 2:2; 호 3:5; 렘 23:20을 보라). 그런데 여기서 베드로는 이 말세를 역사의 한가운데 배치한다. 여호와의 날은 아직도 미래에 있으나(행 2:20), 이미 '종말'은 시작되었다. (이를 종말의 선취[先取, anticipation]라고 한다. - 역주)

히브리서도 같은 것을 말한다. "[하나님이] 이 모든 날 마지막에는 아들을 통하여 우리에게 말씀하셨으니"(히 1:2). 많은 복음주의적 그리스도인들은 말세를 마지막 바로 전의 일정 기간이라고 생각하는 경향이 있다. 그러나 신약 성경은 말세란 예수와 오순절에서 시작된 새로운 시대라고 가르친다. 오는 세대를 미리 맛보는 것은 하나님 나라의 실재를 더 의미 있게 해 준다. 그러므로 그리스도인은 두 세계에 사는 사람들이다. 그는 이미 영원한 생명과 그 능력을 경험했으므로 오는 세상을 상속하게 될 것이다. 이것이 이 기도를 더 의미심장하게 만든다. "아멘, 주 예수여! 속히 오시옵소서."

THE LAST THINGS:
AN ESCHATOLOGY FOR LAYMEN

종말 신학의 프롤레고메나*

하나님 나라 신학을 지향하며

종말론에 관한 신학적 정리로서 이 시대의 한국 교계에 필요한 것들은 아마도 다음의 몇 가지가 아닌가 한다. (1) 성경이 말하고 있는 정확한 종말 개념을 밝히는 일, (2) 미래적 종말의 프로그램을 성경이 밝히고 있는 대로 정확히 정리해 주는 일, (3) 지금 여기서 종말론적 실존을 살아가며, 종말론적 공동체를 이루고 있는 이들에게서 그에 부합한 의식과 행위를 유도해 내는 일, (4) 다른 종말관을 제시하는 이들의 입장을 정확히 분석하고 성경적 입장에서 이를 비판하는 일. (5) 미래적 종말론 문제 중 하나인 천년

---

* 이 글은 한국복음주의 신학회 논문집인 「성경과 신학」 13 (1993): 193-225에 발표되었던 논문으로, 나의 책인 『개혁 신학 탐구』 (서울: 하나, 1999, 개정판, 수원: 합신대학원출판부, 2010), 제일 앞에 실린 글임을 밝힌다.

왕국 문제에 대해서 정확한 주해적 연구를 제공하는 일, 그리고 마지막으로 (6) 성경적 종말 개념에 충실한 입장에서 기독교 신학 전체를 다시 조망해 보는 일.

이와 같은 일 중에서 (1)번은 이미 70년대 말부터 신학 교육을 하신 분들에 의해서 분명히 천명되고 가르쳐져서 신약 성경이 말하는 종말에는 이미 이루어진 측면과 미래적 측면이 있다고 밝혀진 지 오래다.[1] 또한 (2)번, 즉 성경이 말하는 미래 종말의 프로그램을 성경이 가진 그 담담함을 가지고서 진술하는 일도 이미 여러 서적에 정리된 것이 번역되어 가르쳐졌다고 할 수 있다.[2] 그다음부터의 작업이 현재 진행 중이며, 또 마땅히 강조되고 밝혀져야 하는 일이라고 생각된다. 그러나 그중에서 (5)번, 즉 천년왕국 문제에 대한 주해적 연구를 제시하는 일은 비교적 많은 이들

---

1. 대표적인 예를 제시하면 다음과 같다. 최낙재, 『하나님의 나라』 (서울: 한국성서유니온, 1986); 박형용, "하나님 나라의 실현", 「신학정론」, 제1권 1호 (1983): 106-35; "예수님과 하나님 나라의 실현", 「신학정론」, 제1권 2호 (1983); "예수의 왕국 선포에 관한 배경적 연구", 「신학정론」 제2권 1호 (1984): 4-29.

2. 다음 책들이 그 대표적인 책들이 될 수 있을 것이다: Geerhardus Vos, *The Pauline Eschatology* (1930; Grand Rapids: Baker, 1979), 오광만, 이승구 공역, 『바울의 종말론』 (서울: 엠마오, 1989); George Eldon Ladd, *The Last Things* (Grand Rapids: Eerdmans, 1978), 졸역, 『마지막에 될 일들』 (서울: 엠마오, 1983, 개정역, 서울: 이레서원, 2004); *The Blessed Hope* (Grand Rapids: Eerdmans, 1956), 이태훈 역, 『축복된 소망』 (서울: 엠마오, 1984); Anthony A. Hoekema, *The Bible and Future* (Grand Rapids: Eerdmans, 1979), 류호준 역, 『개혁주의 종말론』 (서울: 기독교 문서선교회, 1986); Donald Guthrie, *New Testament Theology* (Leicester: InterVarsity Press, 1981), 이중수 역, 『신약 성경 신학: 교회와 종말』 (서울: 성서유니온).

이 관여하고 있는 작업이고, 또 성경에 충실하고자 하는 의도에서의 논의라면 다 긍정적일 수 있다는 의미에서[3] 그렇게 시급한 문제는 아니라고 여겨진다. 또한 (4)번, 즉 성경과는 다른 종말관을 말하는 이들의 입장에 대한 분석과 평가는 이 문제에 대하여 실천적 관심을 가진 이들과, 좀 더 신학적인 논의를 하려는 분들에 의해 수행되었고 또 계속되고 있다고 본다.[4] 비교적 논의가 덜 되고 있는 문제는 역시 (3)번의 지금 여기서 하나님 나라 백성으로서 어떻게 생각하고 살아야 하는가 하는 문제와 (6)번의 성경적 종말 개념에 근거해서 신학을 어떻게 전체적으로 재조망할 것인가 하는 문제이다. 이들은 사실 서로 연관된 문제이고, 앞의 좀

---

3. 세대주의적 전천년설이 아니라면 다 성경에 충실하려는 것으로 존중될 수 있다. 세대주의적 성경 해석에 대한 좋은 비판으로는 Oswald T. Allis, *Prophecy and the Church* (Philadelphia: Presbyterian and Reformed, 1945); Ladd, *The Last Things*, Chapters 1-2; *The Blessed Hope*: Hoekema, *The Bible and the Future*, 194-222; John H. Gerstner, *Wrongly Dividing the Word of Truth: A Critique of Dispensationalism* (Brentwood, Tennesse: Wolgemuth & Hyatt. 1991) 등을 보라. 천년왕국 문제와 관련해서 좋은 참고 서적으로는 Robert G. Clouse, ed., *The Meaning of Millenium* (Downers Grove: InterVarsity Press. 1977), 권호덕 역, 『천년왕국』 (서울: 성광문화사, 1980); Hoekema, *The Bible and the Future*, 223-38; William Hendriksen, *More than Conquerors: An Interpretation of the Book of Revelation* (1940; Grand Rapids: Baker, 1982), 184-96; Philip Edgcumbe Hughes, *The Book of the Revelation* (Grand Rapids: Eerdmans, 1990), 208-19 등을 보라.
4. "이미"와 "아직 아니"의 구조를 가지고 있으면서도 다른 식으로 종말의 의미를 해석해 가는 이들에 대한 좋은 논의는 Hoekema, *The Bible and the Future*, 288-316에 부록으로 있는 "종말론의 최근 동향"(Recent Trends in Eschatoloey)이란 논문이다. 이에 대한 류호준 목사의 번역은 『개혁주의 종말론』, 385-429면에 실려 있다.

더 실천적인 문제에 대해서는 그래도 우리네 몇몇 분들이 힘쓰고 있음을 생각할 때, 신학적 작업을 하도록 교육을 받은 필자가 생각하기에, 가장 중요한데도 많은 이들이 비교적 소홀히 하고 있다고 여겨지는 것은 역시 종말의 포괄적인 신학적 의미를 드러내는 일이다.

그러므로 이 글에서 필자는 성경 신학자들이 밝혀 준 신약 성경적 '종말' 개념이 우리의 신학 전체에 과연 어떤 의미와 도전을 던져 주는가 하는 문제를 다루고자 한다. 필자는 신약 성경적 의미의 종말 개념은 우리의 신학이 전체적으로 "종말론적인 신학"(eschatological theology)이 되게 한다는 것을 주장하고자 한다. 그 내용을 가지고 이야기하면, 우리의 신학이 전체적으로 "하나님 나라 신학"(Kingdom theology)이 된다는 뜻이다. 이런 의미에서 이 소논문의 제목이 "앞으로 나타날 종말 신학의 서론 – 하나님 나라 신학을 지향하며"(Prolegomena for an eschatological theology – toward the kingdom theology)라고 붙여진 것이다. 물론 이런 주장은 이 논문에서 처음 주장되는 것도 아니고, 더구나 필자의 독창적인 주장도 아니다. 우리나라만 해도 이미 70년대 후반 이후에 신학을 가르치거나 배운 이들에게는 이 주장이 이미 진부한 말로 들릴 것이다. 그러나 그럼에도 불구하고 우리네 신학계의 일반적인 분위기에서는 이 주장이 낯설게 여겨질 수도 있다는 기묘한 상황을 생각하고, 또한 필자가 우연한 기회에 스쳐지나가는 말로 이 주장을 한 것에[5] 대한 반응이 전혀 없음을 생각할 때, 더구나 서구에서도 이런 주장에 충실한 신학서가 드문 것을 보면서, 우리는 이 문제에 대한 논의가 이 시점에서도 그리 무용(無用)의 것은 아니라고 생각하게 된다.

그러므로 이 소논문에서는 신약의 종말 개념을 간단히 살핀 후에 그런 종말 개념이 우리의 신학 전체에 미치는 의미를 묻고(Ⅰ), 기존의 신학 가운데서 하나님 나라를 중심으로 제시되었던 신학들을 점검해 본 뒤에(Ⅱ), 신약의 종말 개념에 충실한 하나님 나라 신학의 특징들을 간단히 살펴보고(Ⅲ), 그러한 종말 신학의 기본적인 구조를 제시하려고 한다(Ⅳ).

이는 앞으로 나타날 전 포괄적인 종말 신학, 또는 하나님 나라 신학의 서론을 위한 시론(試論)으로 제출되는 것이다. 따라서 이 시론에 대한 폭넓은 논의가 제기되어 우리의 손으로 하나님 나라 신학이라는 주제의 교의학이 써질 때 도움이 될 수 있기를 원한다.

---

5. Cf. "우리는 오히려…예수 그리스도 사건과 오순절 사건으로부터 '종말'이 시작된 것으로 보아야 할 것이다. 그리고 '종말론'도 그런 이해의 터에서 생각되어야 할 것이다. 단지 교의학을 마무리하기 위한 것으로 다루어져서는 안 될 것이라는 말이다. 그런 점에서 우리의 신학 활동은 그 시기적 성격으로 보아(그리스도 사건 후에 있다는 성격) 모두 종말론적이라고 해야 할 것이다"("역자 후기", 『마지막에 될 일들』, 206).

I. 신약 성경의 종말 개념과 그 교의학적 의미

우리가 신학을 신약의 종말 개념에 비추어 살펴본다고 했을 때 가장 먼저 생각해야 할 것이 바로 이 문제이다. 신약 성경은 과연 어떤 종말 개념을 말하고 있는가? 도대체 신약의 종말 개념은 일반적인 종말 개념과 어떤 차이를 나타내 보이고 있는가? 물론 신약의 어떤 부분에서는 일반적으로 사람들이 말하는 종말, 즉 이 세상의 끝, 그 마지막에 될 일들에 대해서 말하며 그것을 종말이라고 말하기도 한다.

예를 들어서, 요한복음에 의하면 예수께서는 "나를 보내신 이의 뜻은 내게 주신 자 중에 내가 하나도 잃어버리지 아니하고 마지막 날에(ἐν τῇ ἐσχάτῃ ἡμέρᾳ) 다시 살리는 이것이니라"(요 6:39)고 하신다. 여기서 "마지막 날에"는 다르게 해석할 수도 있지만[6] 전통적으로 이해해 온, '종말에'라는 뜻으로 이해하는 것이 자연스럽다.[7] 이 세대가 끝나는 날에 예수 그리스도께서 영원 전에 아버지

---

6. 그런 다른 해석의 예로는 Ernst Haenchen, John 1: *A Commentary on the Gospel of John Chapters 1- 6* (Hermenia - A Critical and Historical Commentary on the Bible), translated by Robert W. Funk (Philadelphia: Fortress Press, 1984), 291를 들 수 있을 것이다.

7. 이런 해석을 하고 있는 이들로 다음을 들 수 있을 것이다: John Calvin, *The Gospel According to St. John, Part One 1-10* (Edinburgh: Oliver and Boyd, 1961), 161f.; Leon Morris, *The Gospel of John* (NICNT) (Grand Rapids: Eerdmans, 1971), 368f.; Barnabas Lindars, *The Gospel of John* (The New Century Bible Commentary) (Grand Rapid: Eerdmans, 1972), 26f.; F. F. Bruce, *The Gospel of John* (Basingstoke:

께서 그에게 주신 자들을 살리는 것이 아버지의 뜻이라는 것이다. 그렇다면 여기서는 '종말'이 전통적인 의미로 사용된 것이 된다.

이와 같은 뜻으로 사용된 예로 요한복음 6:40, 44, 54도 들 수 있다. 또한 요한복음 11:24에서는 마르다가 "마지막 날 부활 때에는(ἐν τῇ ἀναστάσει ἐν τῇ ἐσχάτῃ ἡμέρᾳ) 다시 살아날 줄을 내가 아나이다"라고 말한다. 신약 성경에서 '종말'이라는 말이 이와 같은 의미로 사용된 예들을 열거하면 다음과 같다.

"추수 때는 세상 끝(συντέλεια αἰῶνός)이요"(마 13:39).

"그런즉 가라지를 거두어 불에 사르는 것같이 세상 끝에도(ἐν τῇ συντελείᾳ τοῦ αἰῶνος) 그러하리라"(마 13:40).

"세상 끝에도(ἐν τῇ συντελείᾳ τοῦ αἰῶνος) 이러하리라 천사들이 와서 의인 중에서 악인을 갈라내어"(마 13:49).

"주의 임하심과 세상 끝에는 무슨 징조가(τί τὸ σημεῖον τῆς σῆς παρουσίας καὶ συντελείας τοῦ αἰῶνος) 있사오리이까"(마 24:3).

"내가 세상 끝날까지(ἕως τῆς συντελείας τοῦ αἰῶνος) 너희와 항상 함께 있으리라"(마 28:20).

"너희는 말세에(ἐν καιρῷ ἐσχάτῳ) 나타내기로 예비하신 구원을 얻기 위하여"(벧전 1:5).

Pickering and Inglis, 1983), 154; Gary M. Burge, *The Anointed Community: The Holy Spirit in the Johannine Tradition* (Grand Rapids: Eerdmans, 1987), 115, 144.

이런 부분을 보면 신약의 종말 개념에 독특성이 없어 보인다. 그러나 과연 그것이 신약의 종말 개념 전체를 말한 것인가? 신약을 자세히 살펴보면 그 종말 개념이 이전의 종말 개념과는 다르게 제시된 곳을 찾아볼 수 있다. 즉, 흔히 미래에 있으리라고 기대하던 종말이 예수 그리스도의 현존과 사역에 의해 지금, 여기에 현존하고 있다는 것을 시사받게 되는 것이다.

이를 가장 잘 말해 주는 것은 예수의 사역에 의해서 하나님 나라가 현재 안에 현존하게 되었음을 말해 주는 구절들이다(마 12:28; 눅 17:21; 마 11:12; 눅 16:16 참조).[8] 예수의 많은 비유들도 하나님 나라의 현재성을 말하여 종말이 여기에 와 있음을 밝혀 주고 있다.[9]

더구나 사도행전에 의하면 예수의 사역과 성령 강림을 목격하고 그 의미를 이해하게 된 베드로는 요엘서 2:28의 "그 후에"를

---

8. 이 문제에 대한 좋은 논의들로 다음을 참조하라: Geerhardus Vos, *The Teaching of Jesus Concerning the Kingdom of God and the Church* (New York: American Tract Society, 1903); Herman Ridderbos, *The Coming of the Kingdom* (1950), E. T. by H. de Jungste and R. O. Zorn (Philadelphia: Presbyterian and Reformed Pub. Co., 1962); G. E. Ladd, *Crucial Questions about the Kingdom of God* (Grand Rapids: Eerdmans, 1952); Raymond O. Zorn, *Church and the Kingdom* (Philadelpia: Presbyterian and Reformed, 1962); Ladd, *The Presence of the Future: The Eschatology of Biblical Realism* (Grand Rapids: Eerdmans, 1974).

9. 위의 책에 나타난 비유에 대한 해석 외에 이 문제에 시사를 주고 있는 해석서로 다음을 보라. Ladd, *The Presence of the Future*, Chapter 9.

그 뜻을 살려서**10** "말세에"(ἐν ταῖς ἐσχάταις ἡμέραις)로 옮겨서 "말세에 내가 내 영을 모든 육체에 부어 주리니"(행 2:17)라는 예언을 말한 후에 "하나님이 오른손으로 예수를 높이시매 그가 약속하신 성령을 아버지께 받아서 너희 보고 듣는 이것을 부어 주셨느니라"(행 2:33)라고 성령 강림 사건을 해석하고 있다. 즉, 오순절 성령 강림 사건이 예수의 메시아로서의 사역에 근거해서 이루어진 종말론적 사건이라는 것이다.

히브리서 기자는 과거의 선지자들을 통한 계시와 대비해서 "이 모든 날 마지막에(즉, 종말에: ἐπ' ἐσχάτου τῶν ἡμερῶν τούτων) 아들로 우리에게 말씀하셨다"라고 선언하고 있다(1:2). 즉, 예수의 사역과 가르침이 종말에 된 것이라고 말하고 있는 것이다. 그것도 히브리서 기자는, 보스가 말하는 대로, "'이'라는 지시대명사를 덧붙여서 '이 날들의 마지막에'라고 말함으로써 이 날들이 자신과 그 독자들이 살고 있는 바로 현재의 날들임을 덧붙여 말

---

10. Cf. "'말일에'라는 말은 맛소라 본문이나 칠십인 경을 막론하고 요엘 2:28의 구약 본문에는 발견되지 않는다. 그러나 그럼에도 불구하고 이 말은 요엘의 '그 후에'란 표현의 의미를 드러내고 있다('말일에'란 어귀에 대해서는 사 2:2와 미 4:1을 참조하라)."("'The words' in the last days' are not found in the OT text of Joel 2:28, either MT or LXX; but no doubt they give the sense of Joel's expression afterward' (for the phrase 'the last days' Cf. Isa. 2:2; Mic. 4:1)"(F. F. Bruce, *The Book of the Acts* (NICNT) [Grand Rapids: Eerdmans, 1984], 68). 이에 대해서 보스는 말하기를 "이렇게 쉽게 대체할 수 있었다는 점은 이런 형식의 어구('에스카테 헤메라')가 초대 교회에 아주 친숙한 것이었음을 보여 준다."라고 말하고 있다(Vos, *The Pauline Eschatology*, 한역, 22).

하고 있다."¹¹

히브리서 9:26에서도 "이제 자기를 단번에 제물로 드려 죄를 없이하시려고 세상 끝에(ἐπὶ συντελείᾳ τῶν αἰώνων) 나타나셨느니라"라고 말하고 있다. 예수의 사역이 세상 끝, 즉 종말에 이루어진 것이라는 말이다. 이에 대해서 칼뱅은 "갈라디아서 4:4에서 '때가 찼다'고 말하던 것을 (바울은) 세상 끝에(at the end of the ages)라고 부른다. 그것은 하나님께서 그의 영원하신 경륜으로 작정하신 그 시간이 찬 때이다.…이로써 (바울은) 그리스도의 나라가 모든 것을 완성했다는 것을 의미한다. 때가 찬 때는 그리스도께서 죄를 속하러 나타나신 때였다.…"라고 말함으로써¹² 그리스도의 초림이 때가 찬 때요, 종말임을 잘 드러내 주고 있다.

이와 같은 종말 개념에 신약의 종말 개념의 특징이 있다고 할 수 있다. 흔히 미래에나 있을 것이라고 예상하던 것이, 또 신약성경 내에서도 어떤 부분에서는 그렇게 미래에서야 있을 것이라고 말하는 종말이, 역사가 아직 끝나지 아니하였고 이 세대가 아직 마치지 아니하였는데도 예수의 현존과 사역에 의해서 이 역사의 한가운데로 침입해 왔다는 것이다. 이런 신약의 증거들을 세

---

11. Vos, *The Pauline Eschatology*, 한역, 23.
12. John Calvin, *Hebrew and I and II Peter* (Calvin's New Testament Commentaries, 12), translated by William B. Johnston (Edinburgh: Oliver and Boyd Ltd., 1963), 130.

심히 살핀 신약학자 래드는 그 특징을 살려서 "미래의 현존"(The Presence of the Future)이라는 제목을 그의 하나님 나라에 대한 주제에 붙인 일이 있다.¹³ 이미 오래전에 성경 계시를 자세히 살핀 칼뱅도 "마지막 때"(the last time)라고 불린 것은 "그리스도의 오심으로부터의 전 기간(the whole period from the coming of Christ)을 의미한다."라고 말하여 신약적 종말의 의미를 밝혀 주었다.¹⁴ 신약 성경학자들의 논의에 주의를 기울이며 논의를 하면서 후크마(A. A. Hoekema)도 신약 종말론의 특징을 다음 세 가지로 요약하고 있다.

(1) 신약에서 우리는 구약에서 진술되었던 큰 종말론적 사건의 실현이 일어났음을 발견한다.¹⁵

(2) 신약에서 우리는 또한 구약에서 하나의 움직임으로 묘사된 것으로 보이는 것의 실현이 "현재의 메시아 시대"와 "미래 시대"라는 두 가지 단계를 함의하는 것으로 인식되어져야 한다는 것도 발견한다.¹⁶

(3) 이 두 가지 종말론적 단계들의 관계는, 현 시대의 축복은 오는 더 큰 축복의 약속이고 보증이라는 것이다.¹⁷

---

13. Ladd, *The Presence of the Future*.
14. Calvin, *Hebrew and I and II Peter*, 233.
15. Hoekema, *The Bible and the Future*, 15.
16. Hoekema, *The Bible and the Future*, 18.
17. Hoekema, *The Bible and the Future*, 20.

즉, 신약의 종말 개념의 특징은 종말이 이미 우리에게 와 있으나 그것으로 모든 것이 소진되어서 더 이상 올 것이 없는 것이 아니라, 이미 현존하는 종말이 더 큰 종말론적인 축복의 약속이 되고 보증이 된다는 것이다. 그러므로 신약의 종말 개념에 의하면 예수 그리스도의 현존과 사역으로 이미 우리에게 임한 소위 "현재적 종말"과 장차 임할 "더 큰 종말론적 축복" 모두가 중요한 것이 된다. 그런데 미래에 임할 더 큰 종말론적 축복도 현재의 종말 개념과 관련되어 있고, 또한 미래적 종말은 일반적으로 종말론에서 생각되는 것이므로, 신약의 종말 개념의 특징은 그 종말이 이미 현존해 있다는 데에 있다고 말할 수도 있다. 즉, 신약의 이해에 의하면 종말이란 예수 그리스도의 현존과 사역으로 우리에게 임한 하나님 나라의 현재성과 그 극치(consummation) 사이의 기간으로 이해되는 것이다.

이런 신약의 종말 개념은 우리의 신학에 어떤 의미를 주는 것일까? 가장 먼저 단순하게 생각할 수 있는 것 중 하나는 이런 신약의 종말 개념이 우리의 종말 개념에도 영향을 미쳐야 한다는 것이다. 만일 우리가 신약의 종말 개념을 중요시한다면 이제는 우리도 막연히 이 세상, 또는 이 세대가 끝나는 때가 종말이 아니라, 예수 그리스도 안에서 우리에게 동터 온 종말이 이 세상 내에서 이 세상의 역사 진행과 더불어 진행되고 있다고 생각해야 할 것이다. 우리의 종말 개념의 변화를 시도하지 않으려고 하는 것은 신약에서 우리에게 계시된 내용을 무시하는 행위가 되고 말 것이다.

이런 종말 개념의 변화로부터 나올 수 있는 교의학적 문제의 하나로 가장 일반적인 것은 전통적으로 말하던 종말론이 그저 마지막에 될 일들을 지칭하기 어렵지 않을까 하는 것이다. 물론 신학의 한 분과로 소위 마지막에 될 일들을 다루는 분과가 있을 수 있으나, 이제 신약이 말하는 종말 개념을 분명히 한 후에는 그렇게 마지막에 될 일들을 다루는 과목을 종말론이라고 하기 어렵게 되었다는 것이다.[18] 종말론은 그보다 훨씬 폭이 넓고, 포괄적이기 때문이다. 그리스도의 사역이 이미 종말론적이고, 우리의 구원이 종말론적이며, 우리가 그 일원인 교회가 종말론적이기 때문이다. 그러므로 단순히 종말론의 범위를 넓히는 것 이상의 문제가 제기된다. 즉, 신학 전체를 종말론적으로 보면 어떻게 되는가 하는 문제가 제기되는 것이다. 종말이 하나님 나라를 가져다주는 것이라면, 이것은 신학 전체를 하나님 나라 신학으로 보면 어떻게 되는가 하는 것과 동일한 문제이다.

여기서 소위 종말 신학(eschatological theology), 혹은 하나님 나

---

18. 이는 칼 바르트도 그의 소위 변증법 신학 시기에서부터 의식하고 표현하던 바이다. (Cf. *The Epistle to the Romans*, trans. from the 6th edition by E. C. Hoskyns [London: Oxford University Press, 1933], 500). 그러나 문제는 바르트가 '종말' 또는 '종말론'이란 말로써 무엇을 의미하느냐는 것이다. 그의 종말 개념에 대한 성경적 개혁주의적 비평으로 다음을 보라. Hoekema, *The Bible and the Future*, 307f.

라 신학(Kingdom theology)이라는 교의학적 시도가 나올 수 있는 것이다. 이 종말 신학, 하나님 나라 신학은 전통적 종말론을 지칭하는 것이 아니고, 전통적 종말론을 좀 더 확대하자는 것이거나, 심지어 신학 전체로 확대하자는 것도 아니다. 오히려 이 종말 신학의 요청은 신약적인 의미의 종말을 우리에게 가져다주신 그리스도이신 예수 이후에 서 있다는, 우리가 신학을 하고 있는 시기의 특성을 좀 더 고려하자는 것이며(그러므로 "종말 신학"인 것이다), 그 종말이 가져다주려고 했던 궁극적 내용에 좀 더 충실한(그러므로 "하나님 나라 신학"이라는 것이다) 하나의 교의학 체계를 제시해 보자는 요청이다.

앞으로 이 요청에 응답하는 교의학이 제시되기를 원하면서, 그것이 과연 어떤 형태를 띠고 나타나야 하는지를 고민할 때에 우리가 반드시 고려해야 할 것이 있다. 그것은 여기서 말하는 "종말 신학" 또는 "하나님 나라 신학"의 이름으로 과거에 제시된 신학들의 체계이다. 이제 잠시 이 문제를 검토해 보기로 하자.

II. 기존의 "하나님 나라 신학들"(Kingdom theologies in the past)

과거에도 하나님 나라 신학이 있어 왔으므로, 그것을 살펴보면서 우리가 지향해야 할 하나님 나라 신학은 어떤 것이고, 하나님 나라 신학을 전개함에 있어서 우리가 유의해야 할 것은 어떤 것인지를 검토해 보는 것이 유익할 것이다. 여기서는 세 가지 대표적인 하나님 나라 신학을 검토할 것인데, 이는 세 가지 유형의 하나님 나라 신학의 대표적인 예들을 살피는 것이 될 것이다. 첫째는 반 오스테르제(Van Oosterzee)의 하나님 나라 신학, 둘째는 한스-요아킴 크라우스(Hans-Joachim Kraus)의 하나님 나라 신학, 셋째는 데이비드 웰스(David Wells)의 하나님 나라 중심의 기독론이 그것이다.

반 오스테르제(Van Oosterzee)는 그의 『기독교 교의학』에서 그의 논의를 하나님 또는 지고의 왕(the supreme King), 인간 또는 백성(the subject), 그리스도 또는 하나님 나라의 기초자(the founder), 구속 또는 구원, 구원의 길 또는 하나님 나라의 구성(the constitution), 교회 또는 훈련소(the training school), 주님의 미래 임재 또는 하나님 나라의 절정에 이름(the consummation of the Kingdom) 등으로 진행시키고 있다.[19] 여기서 우리는 하나님을 하나님 나라의 왕으로, 인간을 그의 백성, 즉 그 나라 백성으로, 그리스도를 하나님 나라의 건설자로, 구원의 여정을 그 나라 백성 됨의 과정으로, 종말을 하나님 나라의 절정으로 진술한 교의학을 만나게 되는 것이다. 위에서 살펴본 종말 개념의 전환과 연관시켜 볼 때에 이는 아주

---

19. Van Oosterzee, *Chr. Dogm.*, 1, 20 - 42, 84 -109. 나는 그의 책을 직접 읽지 못했다. Loius Berkhof, *Introduction to Systematic Theology* (Grand Rapids: Eerdmans, 1932), 74에 나온 정보를 활용하여 말하는 것이다.

흥미로운 일이 아닐 수 없다.

그러나 그의 하나님 나라 신학에서 몇 가지 문제점이 지적될 수 있다. 첫째는 그의 하나님 나라 개념이 알브레흐트 리츨의 영향을 받은 것이라는 데 문제가 있다.[20] 하르낙도 예수의 선포의 중심에는 하나님 나라가 있다는 것을 옳게 지적했지만,[21] '하나님 나라'라는 말로써 그가 의미한 것이 나라 개념과 거리가 멀다는 것은 그의 주장을 전체적으로 문제 있게 만드는 것이 된다. 그러므로 오스테르제의 교의학 진술 방식이 아무리 흥미롭고, 하나님 나라를 중심 개념으로 하고 있는 것이라고 해도 그의 하나님 나라 개념이 리츨적인 것이라면, 리츨의 윤리적 하나님 나라 개념이 과연 성경적인 것인가를 의문시하는 우리는 그의 하나님 나라 신학을 그대로 수용하기 어려울 것이다.

둘째로, 오르테르제는 벌코프가 지적하는 대로, 교의학에서 각 분과를 나누는 데 일반적으로 사용되고 있는 소위 "종합적인 방법"(the synthetical division)을 취하여, 그것의 제목만을 하나님 나라 개념에서 온 다른 용어들로 붙인 느낌이 있다.[22] 이것은 위에서 말한 문제처럼 그리 큰 문제는 아니다. 그러나 구원론과 교회

---

20. Berkhof, *Introduction*, 74.
21. Adolf von Harnack, *What is Christianity?* trans. T. S. Saunder, 3rd edition (New York: Putnam, 1904), 53.
22. Berkhof, *Introduction*, 74. 종합적 방법에 대해서는 같은 책, 74f.를 보라.

론에 대한 지칭이 모호해졌다는 사실은 우리로 하여금 우리의 하나님 나라 신학의 구분과 제시를 어떻게 할 것인가 하는 문제점을 안겨 준다.

더구나, 오르테르제의 구분에 대해 벌코프가 제기하는 한 문제점, 즉 "이 구분은 순전히 형식적(formal)이고, 결코 (하나님) 나라 개념에서 유기적으로 도출되어 나온 것이 아니다."라는 주장을 생각해 볼 때,[23] 우리의 하나님 나라 신학이 유의해야 하는 한 면을 잘 드러내고 있다고 할 수 있다.

구약학자이고, 성경 신학을 썼던 이가 써낸『조직 신학 개론』이『하나님 나라』(*Reich Gottes*)라는 제목을 가지고 있다는 사실이 우리로 하여금 한스-요아킴 크라우스(Hans-Joachim Kraus)의 조직 신학에 주의를 갖게 한다.[24] 성서 신학의 깊은 뿌리를 가지고 조직 신학을 하는, 우리와 대조적으로 가까이 서 있는 이분은 과연 오스테르제가 보여 주는 문제를 극복하고 있는가? 그의 하나님 나라 개념이 리츨적이지 않다는 것은 매우 분명하다. 그는 하나님 나라의 성취가 이중적으로 된다는 사실을 잘 밝혀 주고 있으며, "그 나라의 도래와 수립은 인간의 손으로, 또는 인간의 능력

---

23. Berkhof, *Introduction*, 74.

24. Hans-Joachim Kraus, *Reich Gottes: Reich der Freiheit. Grundriss Systematischer Theologie* (Neukircherner, 1975), 박재정 역,『조직 신학』(서울: 한국신학연구소, 1986).

으로 이루어지지 않는다."(17)라는 것을 분명히 밝히고 있다. 그러나 그의 하나님 나라 개념에는 좀 더 미묘한 문제점이 있다.

첫째로는, 그가 이해하는 하나님 나라가 그 최종적 도래 이전에 과연 객관성을 가지고 있는가 하는 의문을 제기하도록 하는 그의 진술들이 있다는 것을 말하지 않을 수 없다. 예를 들어서, 그는 요한복음 3:3을 인용하고서는 다음과 같이 말한다.

> 주관적으로는, 새로운 실존에게만 새로운 실존이 인식하고 볼 때에만 하나님의 나라가 열린다. 그러나 새로운 실존은 그리스도 예수의 말씀을 믿는 신앙인의 실존이다. 역사적이고 우주적으로 확인할 수 있는 현실만이 언급할 가치가 있다고 생각하는 것은 맹목이며 미신이다. 세상과 삶의 의미와 목적은 그런 현실의 한계 밖에 있다.(17)

이 진술은 마치 하나님 나라의 현재성이 객관성을 지니지 못했다는 인상을 주며, 이 세상이 폐쇄적인 세상(closed world, or world as a closed system)이어서 그 세상 내에서 가치와 의미를 찾아서는 안 된다는(그러므로 사실의 세계와 가치 및 의미의 세계가 분리되어 있다는) 인상을 주는 것이다. 결국, 근본적인 문제는 크라우스가 전제하고 있는 기본적인 세계상이 하나님 나라와는 전혀 관계가 없는 이가 가진 세계상이어서, 그 세계 내에서는 의미도 목적도 발견될 수 없다고 보는 데에 있다. 그렇다면 그리스도 안에서 여기에

와 있다고 한 하나님 나라가 과연 이 세상에 들어와 있는 것인지, 아니면 세상의 초월적 가치 세계에 있다는 것인지가 의문시될 수 있다.

더구나, 그는 시종일관 예수 안에서 온 것은 "감춰진(숨겨진) 하나님의 나라"라고 하는데, 그 감추어짐, 숨겨짐은 무엇을 뜻하는가? 우리는 이와 관련하여 그가 인용하고 있는 보른캄(Günther Bornkamm)의 다음과 같은 진술의 의미를 묻게 된다. "하나님의 통치는 감추어져 있으며, 감추어진 가운데서 우리가 그것을 믿고 이해하기를 바라고 있다. 그것은…아무도 대수롭게 여기지 않는 지극히 일상적인 현재 안에 숨겨 있다."[25] 그렇다면, 하나님 나라의 이 숨겨짐은 일상적인 현재의 배후에 무엇인가가 일어나고 있다는 말인가? 그렇다면 예수의 말과 행동을 통해 일어나는 것은 무엇인가? 크라우스는 말한다.

> 나사렛 예수의 말씀과 일을 통해서 하나님의 사랑은 갱신시키는 새로운 현실로서 이 세상 속에 들어온다.…사랑만이 삶과 공동생활 속에 깊이 개입하는 변혁의 능력이다.…하나님 나라의 사랑은 촉구나 율법이 아니라, 새로운 공동생활의 개시(eröffnung)이며, 질적으로 새로운 행동에로의 해방이다(21ff.).

---

25. Günther Bornkamm, *Jesus von Nazareth* (1956), S. 62, cited in Kraus, 21.

결국, 우리의 일상적인 현실 배후에 예수에게서 시작되는 사랑의 현실이 숨겨져 진행되고 있어서, 그런 인간들의 온전한 공동생활이 하나님의 나라란 말인가? 크라우스가 다음과 같은 부버(Martin Buber)의 말을 긍정적으로 인용하고 있음은, 그가 이에 대해서 긍정적인 대답을 하고 있음을 간접적으로 보여 준다.

> 그[예수]가 하나님의 나라라고 부른 것은—세계 종말과 극적인 변화에 대한 의식에 의해 크게 규정되었다고 하더라도—결코 모호한 천상적 행복도 아니고, 정신적 또는 제의적 통일도 아니며, 교회도 아니다. 그것은 인간들의 온전한 공동생활이며, 그것은 진정한 공동체이다. 그 진정한 공동체가 하나님의 직접적 통치이며, 그의 나라이며, 그의 지상적 왕국이다.[26]

그렇다면 우리는 이것이 결국은 인간들의 윤리적인 공동체를 말하는 리츨의 개념에서 과연 얼마나 먼 것인가 하고 묻지 않을 수 없다.

더구나 하나님 나라의 '우발성'을 말하는 데서 결국 우리는 크라우스 자신이 이 책의 "일러두는 말"에서 밝히고 있듯이, 이 책은 위르겐 몰트만(Jürgen Moltmann)이 행한 신학적 연구의 의도들

---

26. Martin Buber, *Der heilige Weg* (1919); *Reden über das Judentum* (19322), 163f., cited in Kraus, 23.

을 받아들이되, 그 사상 내용은 칼 바르트(Karl Barth)의 말씀의 신학에 근거하고 있음을 잘 확인할 수 있는 것이다. 이런 점에서 "하나님 나라"를 제목으로 한 조직 신학 개론에 대해 우리가 가질 수 있던 기대가 그와 신학적 입장을 달리하는 사람들에게는 충족되지 않게 되는 것이다. 이는 좀 더 성경의 접근에 가까이 서 있는 하나님 나라 신학을 제시한 이는 없는가 하고 묻게끔 한다.

기존의 하나님 나라 신학의 세 번째 유형의 대표로 현재 미국 보스턴 근처의 고든 콘웰 신학교(Gordon-Cornwell Theological Seminary)의 앤드류 멀취 신학 교수로 있는 데이비드 웰스(David Wells)의 기독론에 대한 한 저술을 생각할 수 있다. 그는 1984년에 『그리스도의 인격: 성육신에 관한 성경적 역사적 분석』이란 제목의 책을 썼는데,[27] 피터 툰(Peter Toon)이 편집하고 있는 『신앙의 기초: 기독교 교리에의 안내』 시리즈의 기독론 중 그리스도의 인격에 대한 논의로 쓰인 책이다.[28]

그러나 이 책에는 그의 기독론이 전반적으로 제시되어 있고,

---

27. David F. Wells, *The Person of Christ: A Biblical and Historical Analysis of the Incarnation* (Westchester, Illinois: Crossway Books, 1984).
28. 이 시리즈에 속하는 다른 책으로는 H. D. McDonald, *The Christian View of Man* (Westchester, Illinois: Crossway Books, 1981); Ronald Wallace, *The Atoning Death of Christ* (Westchester, Illinois Books, 1981); Paul Helm, *General Revelation* (Westchester, Illinois: Crossway Books, 1982); Peter Toon, *Justification and Sanctification* (Westchester, Illinois: Crossway Books, 1983); George Newlands, *The Church* (Westchester, Illinois: Crossway Books, 1986) 등을 들 수 있다.

더구나 그의 신학하는 태도 일반이 잘 나타나 있다고 할 수 있다. 한마디로 말하자면 그는 성경이 묘사하고 있는 그리스도의 신국적 사역에 근거해서 신학 일반을 이해하려고 하고 있다고 말할 수 있다. 이 매혹적인 그의 논의를 따라가면서 그의 하나님 나라 신학을 검토해 보기로 하자.

1970년대 후반에 영국에서 성육신을 '신화'(myth)로 여기고서 기독론을 하고 신학을 해 보려던 시도와 그 시도에 대한 논박 등을 중심으로 해서 일어난 논쟁을[29] 소개하면서 소위 기독론적 위기 또는 신학적 위기를 밝히면서 웰스는 "신학자가 회의하는 자로 나타난 것은 현대적 현상"이라고 지적하고(3), 그런 신학자는 "한편으로는 현대적 지식관의 산물이며, 또 한편으로는 급진적으로 변화하는 문화적 환경의 산물이라고" 지적하는 일로부터 시작하고 있다(3). 이로써 웰스는 소위 "성육신 신화 진리에 대한 논쟁"이 그렇게 새로운 것은 아니고, 소위 현대적 세계관을 받아들인 기독교가 근대 이후에 어떤 일을 해 왔는지를 잘 나타내 보여 준다고 한다(3-4). 따라서 신약 성경에 포함되어 있는 기독론에 대해서 네 가지 기본적인 요점이 가정될 필요가 있다고 한다(13).

---

29. Cf. John Hick, ed., *The Myth of God Incarnate* (London: SCM, 1977); Michael Green, ed., *The Truth of God Incarnate* (London: Hodder and Stoughton, 1977); Michael Goulder, *Incarnation and Myth: The Debate Continued* (London: SCM, 1979); D. R. McDonald, ed., *The Myth Truth of God Incarnate* (Witon, Connecticut: Morehouse-Barlow, 1979).

첫째로, 하나님께서 교훈과 책망과 교육을 위해서 교회에 성경을 주셨다면, 전문적인 몇몇 신학자들만 그 의미를 알아낼 수 있게 주실 리가 없다는 점이다(13-14). 다시 말해서 "기존하는 성경 기록은 그 자체로서 예수의 행위와 말씀에 대해 충분히 신실한 기록이어서, 우리는 본문 배후에 있는 그 어떤 더 높고 합리적인 체계나 어떤 알려지지 않은 역사에서 그리스도의 사역에 대한 의미를 찾을 필요가 없다."(14)라는 것이다.

둘째로, 신약 성경의 예수에 대한 묘사가 잘못되었다고 증명될 때까지는 신약 성경 기록이 순수하다고 가정하는 것이 다른 영역에서의 역사적 연구의 관례와 일치하는 것이다. 더구나 사도들의 신앙의 높은 도덕성을 생각할 때 그들은 없는 것을 만들어 내기보다는 진실하게 기록하였다고 생각해야 한다는 것이다.

셋째로, 많은 양식 비평가들과 어떤 편집 비평가들이 주장하듯이 복음서 기록자들이 전기를 써 내려는 관심이 조금도 없었다고 논의하는 것은 부정확하고 잘못된 것 같다(14)는 것이다.

넷째로, 신약 성경의 예수에 대한 묘사가 다양성과 통일성을 가지고 있음을 인식하는 것이 필수적이라(15)는 점이다. 즉, "신약의 통일성과 다양성은 서로 모순되는 요소들이 아니고, 보완적인 요소들이다"(15).

이런 전제를 가지고 웰스는 제1부에서는 그리스도에 대한 성경적 증언을 진술하고, 제2부에서는 이 성경적 이해의 역사적 발전을 논의하고, 제3부에서는 이 전통에 대한 현대의 확언 또는 재해석을 다루고 있다.

제1부, 즉 그리스도에 대한 성경적 증언에 대한 논의에서 웰스는 현대의 신약 신학의 이해를 잘 반영하면서 신약 성경이 그리스도를 어떻게 그리고 있는지를 쓰고 있다. 특히 그 첫 장에서는 Johannes Weiss, Albert Schweitzer, Geerhardus Vos, C. H. Dodd, W. G. Kuemmel, I. H. Marshall, Norman Perrin, Hermann Ridderbos, George Eldon Ladd, R. Schnackenburg, Günther Bornkamm, Robert H. Lightfoot, Neb B. Stonehouse, Jack Dean Kingsbury, S. S. Smalley, R. H. Conzelman, Ferdinand Hahn, Albert C. Sundberg, Oscar Cullmann, James Barr, John Marsh, R. T. Fortna, David L. Mealand, Raymond E. Brown, George Banker Stevens 등의 논의를 검토하고 참조하면서 웰스는 (1) 그의 삶과 사역에서 초자연적인 부분을 배제하거나, 현대적으로 재해석할 수 없는(21) 예수의 선포는 하나님 나라를 중심으로 하고 있고, (2) "예수와 바울의 언어는 달라도, 그들의 가르침의 핵심은 초자연적인 하나님의 통치가 역사적 과정 가운데서 이미 시작되었다는 공통의 주장에 있다."(24)고 옳게 밝히고, (3) 우리는 하나님 나라를 세울 수 없고, 우리는 그 나라를 찾고, 나라의 임함을 기도하고, 그 나라를 추구할 수는 있어도, 그 나라를 가져오시는 이는 오직 하

나님이심을 분명히 천명하고(24), (4) 그 나라는 그리스도의 "성육신에 의해 도입되었고(inaugurated), 예수의 십자가 사건에 의해 결정적으로 유효하게 되었고, 재림(parousia)과 그에 동반하는 사건들에 의해 결정된다."(25)라고 말하며, (5) 이 나라의 긴장이 그리스도 사건을 해석할 수 있는 유일한 통합적인 틀을 제공한다고 한다. 그리하여 웰스는 결론짓기를 "복음과 하나님 나라는 종말론적인 틀 안에 위치하게 되고, 또 그렇게 경험된다."(32)라고 말하면서, 이는 복음서에서 발견하고, 우리 시대에 선포해야 하는 그리스도가 어떤 그리스도인가에 영향을 미친다고 하면서 종말론적 정향에서 그리스도를 보아야 함을, 즉 기독론이 종말론적이어야 함을 잘 밝혀내고 있는 것이다.

이런 기초 위에서 그 둘째 장에서 웰스는 "예수가 과연 누구신가?"(the identity of Jesus)의 문제로 들어간다. 여기서 그는 브레데(W. Wrede), 슈바이처(A. Schweitzer), 불트만(R. Bultmann), 레기날드 풀러(R. H. Fuller), 제임스 던(James Dunn) 등에 의한 기독론 이해를 비판하면서, "성경은 반드시 교회로 되돌려져야만 한다."(36)라고 주장하면서, 성경에 나타난 그리스도에 대한 바른 이해를 위해서 다음 몇 가지의 구별을 제시하고 있다.

첫째로, 자의식(self-consciousness)과 자기 이해(self-understanding)를 구별해야 한다고 한다. "예수의 자의식이 정확히 어떠했느냐에 대한 논란 없이도, 예수께서 자신의 행동에 부여하신 해석과 자신의 삶에 두신 의미인 예수의 자기 이해는 파악할 수" 있기 때문이라는 것이다(36f.).

둘째는 예수 자신에게 있어서의 '명확히 드러내신 기독론'(explicit Christology)과 '암묵리의 기독론'(implicit Christology) 사이의 구별이다. 이로써 웰스는 예수의 어떠하심을 나타내는 행동들과 제스처 안에 암묵리에 나타나 있는 것들도 기독론적으로 볼 수 있음을 밝히는 것이다. 그 한 예로서 소위 "메시아 은닉"을 이 암묵리의 기독론으로 풀 수 있다고 본다(38f.). 그뿐만 아니라, 그의 하나님 되심과 죄 없는 인간 되심도 공관복음서 내에 함축되어 있다고 한다(38-43). 또한 공관복음서에 명백히 드러난 기독론을 찾기 위해서, 웰스는 기도 중에 "아바" 칭호 사용에 나타난 예수의 독특성, 마태복음 11:25-27(눅 10:21, 22)의 선언에 나타난 아버지와 예수와의 독특한 관계, 파루시아에 대한 가르침에 나타난 그의 신적 주장, 또한 악한 농부들에 관한 비유(마 21:33-44; 막 12:1-11; 눅 20:9-18)에 나타난 메시아 주장 등을 세밀히 검토하면서, "그가 누구였는가 하는 것은 상당히 그가 무엇을 하였는가에서 추론되어야 한다. 존재론적인 것은 기능적인 것에 감추어져 있지, 기능적인 것에 의해서 모호하게 되는 것은 결코 아니다. 공관복음서에서 그가 메시아로서 행위하시는 것은 그가 메시아이기 때문이다. 즉, 그의 행위는 그의 어떠하심을 드러내는 것이다."(45)라고 결론짓는다.

웰스는 같은 방식으로 요한의 글들과 서신서들을 검토하면서 말하기를 신약 성경 내에 기독론의 진전이 있으나, 그것은 "공관복음서 안에 암묵리에 있던 것이 서신서들에서 명확히 드러난 것일 뿐"이라고 한다(65). 즉, 교의적으로는 통일된 하나의 기독론이 있는데, 이에 대한 "용어적 신학적 다양성"이 있을 뿐이라고 한다.

제3장에서는 예수의 "칭호들"을 다루고 있는데, 여기서 웰스는 말씀, 하나님의 아들, 고난받는 종, 주, 인자와 같은 칭호들을 주변 상황과의 관계 가운데서 논의하여 그 독특성을 밝히고, 칭호들은 항상 그 자체로 설 수 있는 것들이 아니고, 예수가 누구인가 하는 것을 전제하며, 그에 대한 고백인 경우가 많다고 하면서, "칭호에 대한 자료들은 예수의 말과 행위에서 자라난 것이며, 항상 신약의 글들의 전 맥락 안에 놓여야 할 필요가 있다."(81)라고 결론 내리고 있다.

제2부에서는 역사적 발전을 다루면서, 먼저 정통주의란 말이 다양하게 사용되는 경우들을 밝히고, 용어의 문제가 있음을 드러낸 후, 교부 시대로부터 종교 개혁까지의 기독론에 대한 역사적 논의의 진전을 정리하고 있다. 이 부분은 역사적 정리에 해당하므로 다른 "기독론에 대한 역사적 논의들"과 유사하나, 소위 알렉산드리아 기독론과 안디옥 기독론의 차이가 비교적 간명하게, 그러나 정확히 잘 정리되었고(100-104), 복잡한 역사적 진전을 개

요한 후에 시기마다 전형적인 예들을 들어서 비교적 자세히 논의한다.

제3부인 현대의 해석에서는 먼저 "계몽주의와 그 영향"(제7장)을 다루고, 후에 20세기에 대한 논의로 나아간다(제8장). 이런 현대의 기독론은 비연속성을 중심으로 하는 기독론들과 연속성을 중심으로 하는 기독론들로 나뉘고 있는데(130f.), 비연속성을 중심으로 하는 기독론들로는 전통적 가톨릭 사상, 앵글로 캐토리시즘, 희랍 정교회, 보수적 개신교, 신정통주의의 일부가 속하고, 연속성을 중심으로 하는 기독론의 대표자들은 랭돈 길키(Langdon Gilkey), 에드워드 팔리(Edward Farley), 고든 카우프만(Gordon Kaufman), 그리고 구교의 현대주의에 속한 이들, 제2 바티칸 공의회 이후의 어떤 로마 가톨릭 사상가들, 과정 신학자들, 그리고 해방 신학자들 중의 일부라고 꼽고 있다(132). 그러고는 케노시스 이론(kenoticism), 예수전 운동, 그리고 자유주의 개신교의 대표로 칸트와 슐라이에르마허의 기독론을 검토하고, 20세기 기독론으로는 칼 바르트(Karl Barth)의 기독론과. 노만 피텐저(Norman Pittenger)의 기독론과 에드워드 쉴레베크스(Edward Schillebeeckx)의 기독론을 논하고 있다.

이런 역사적 점검을 한 웰스는 오늘을 위해 만족스러운 기독론은 다음 네 가지 원리 위에 세워져야 한다고 논의한다. 첫째로, "그리스도가 그 안에서 이해되어야 하는 개념적 틀은 종말론적 '오는 세대'라는 개념적 틀이다"(171f.). 따라서 예수는 그 자체로 하나의 범주이고, 우리의 경험에는 그의 역할에 상응하는 유비가 없으므로, 그런 인물을 인간 경험의 구조로부터 구축해 보려는 소위 밑으로부터의 기독론을 구성하는 것은 가능하지 않다는 것이다(Cf. 172). 그리고 예수는 그 자신이 제공한 범주들 안에서 해석되어야 한다(Cf. 174). 둘째로, "그리스도의 인격과 사역은 끊임없이 연관되어야 하니, 그중 하나는 다른 하나를 해석하기 때문이다."(175). 셋째로, "우리가 만나는 그리스도, 그 안에서 또 그 때문에 우리가 용서를 발견하는 그리스도는 복음서가 묘사하고 있는 그 갈릴리 사람과 인격적으로 동일시되어야 한다."(175). 이와 연관해서 웰스는 신정통주의 기독론의 문제를 잘 드러내고 있다(176f.). 넷째로, "신약의 가르침 전체에 대해 공정하려면 어떤 형태의 것이든 신적 위격 내적 연합(the enhypostatic union)을 사용하여 말하지 않을 수 없다"(177). 즉, 고전적으로 표현해 왔듯이, 신인의 인격은 하나님의 인격이라는 것이다(inpersonal, *enhypostasis*).

이와 같은 웰스의 기독론은 그 역사적 고찰에 있어서는 전통적인 방식을 따르고 있으며, 현대의 다양한 기독론적 시도의 대표적인 예들을 잘 검토하고 있다는 이점 이외에도, 우리의 논의와 관련해서는 신약에 나타나고 있는 예수의 현존과 사역의 종말론적 의미에 충실한 기독론이라고 판단할 수 있다. 안타까운 것은 웰스의 이 작품이 기독론, 그것도 그리스도의 인격을 중심으로 한 작품이기 때문에 조직 신학 전반에 대해서는 웰스가 과연 어떤 접근을 하려는지가 궁금하다. 그러나 그가 아주 분명히 예수의 인격과 사역을 신약적 종말론의 빛에서 보려고 노력하고 있다는 것과 복음이 종말론적인 틀 내에 놓여야 함을 강조하고 있는 것으로 보아서 그가 아마도 다른 교의학 영역에 접근할 때에도 같은 접근을 하리라는 것을 기대할 수 있다고 본다.

그렇다면 웰스는 우리가 검토한 세 사람의 하나님 나라 신학자들 가운데서 우리의 접근과 가장 가까이 서 있는 이로 여겨질 수 있을 것이다.

III. 앞으로 나타날 종말 신학의 특성

이제까지 논의한 것에 근거해서 앞으로 나타날 종말 신학의 특성을 간단히 제시한다면 과연 어떤 그림을 그려 낼 수 있을까? 가장 먼저 드러날 수 있는 것은 이 종말 신학은 우리의 신학함이 모두 예수 그리스도에 의한 종말론적 사역 이후에 이루어지고 있음을 분명히 의식하는 신학이 될 것이란 점이다. 우리는 하나님의 입장에서 신학을 하는 것이 아니므로 모든 것을 영원의 상하에서(sub speice aetrnitatis) 볼 수 없을 것이다. 또한 우리의 신학은 천상적 존재나 지복의 상태에 있는 성도의 입장에서 할 수 있는 것도 아니다. 우리는 현존하는 세계 내에 있으면서 하나님의 계시와 관계하고 있는 상태에서 신학을 한다. 우리의 시공간 내로 들어온 하나님의 계시에 의하면, 또 그 계시가 가장 분명히 밝혀 주는 바에 의하면, 하나님의 나라가 이미 우리의 세대 가운데로 예수 그리스도의 사역에 의해서 들어왔다고 한다. 따라서 우리의 모든 신학함이 이런 시기적 특성에 충실한 것이어야 할 것이다. 그러므로 이 종말 신학은 그리스도 사건을 중심으로 하여 하나님의 경륜(oikonomia)의 "이미" 이루어진 것과 "아직 아니" 이루어진 것을 분명히 의식하고 그 긴장을 드러내면서, 그리스도 사건이 일어나기 이전도 이 성취를 바라면서 있는 "이미"와 "아직 아니"의 숨어 있는 구조를 드러내며 구약 계시의 그리스도론적 의미를 드러낼 수 있는 신학이 될 것이다. 이런 종말 신학은 그리스도의 종말론적 사역에 근거하고 있는 신학이 된다. 이런 신학은 그야말로 "기독교 신학"이 무엇인지를 잘 드러낼 수 있는 신학이니, 이는 그리스도의 종말론적 사역이 없이는 존재할 수 없는 신학이 되기 때문이다.

둘째로, 이렇게 보면 이 종말 신학은 상당히 그리스도 중심적으로 보이나, 이때의 그리스도 중심성은 루터파적 그리스도 중심의 신학도 아니고, 바르트류의 그리스도 일원론(christomonism)도 아니고, 그런 문제를 극복한 그리스도 중심의 신학이어야 한다. 더구나 "밖으로의 (삼위의) 활동은 나뉠 수 없다"(opera ad extra sunt *indivisa*)는 교부들의 지혜를 빌려서 말하면, 이 신학은 그리스도 중심의 신학이기보다는 삼위일체 하나님 중심의 신학으로 드러날 수 있을 것이다. 즉, 하나님 나라를 세우시는 하나님의 삼위일체적 사역을 전체적으로 드러내는 신학이라는 말이다. 이런 이해에서는 그리스도의 신성 문제가 비교적 용이하게 제시될 수 있으니, 하나님 나라를 이 세상에 가져오시는 이가 하나님 이외에 다른 분일 수 없기 때문이다. 이는 또한 성령의 신성 문제도 명확히 하는 것일 수 있으니, 성령도 주권적 의지를 가지시고 "이미"와 "아직 아니"의 긴장 가운데서 살아가는 성도들을 인도하시고, 힘 주시는 하나님이어서, 그 나라는 전체적으로 오직 삼위일체 되시는 하나님에 의해서만 이루어지는 것임이 분명히 제시되기 때문이다. 이런 신학은 인간들이 하나님 나라를 이루는 데 있어서 주도적인 역할을 하는 듯이 제시되는 신학들에 대한 좋은 교정제가 될 것이다. 따라서 우리의 종말 신학은 인간이 하는 것은 그 나라의 백성 노릇을 하는 것일 뿐임을 분명히 드러내야 할 것이고, 사람들로 하여금 도를 넘어서 지나쳐 나가지 아니하도록 하는 역할을 해야 할 것이다.

셋째로, 위에서 언급한 첫째 안에 포함될 수 있으나 강조를 위해서 따로 언급한다면, 우리의 종말 신학은 그리스도와 관련된 개개인들이 이미 종말 안에 들어와 있는 종말론적 실존(eschatological existence)임을 분명히 드러내고, 그들의 공동체가 종말론적 공동체(eschatological community)임을 밝혀서, 그 개개인들과 공동체가 그에 상응하는 모습을 갖도록 하는 신학이 된다. 이는 이 종말의 구도를 일반화시켜서 모든 실존이 공유하는 구도로 만들려는 시도와 정면으로 배치되며, 또 한편으로는 예수 그리스도 안에서 마치 아무런 종말론적 사건이 일어나지 않은 듯이 장차 나타날 일들만이 종말인 듯이 생각하는 태도와도 배치되는 것이다. 참다운 종말 신학은 이 세상 안에서 이미 예수 그리스도 사건과의 개인적인 관계에 의하여 오는 세대 가운데 들어와 사는 이들이 있는 반면, 그리스도에 의해서 동터 온 종말을 의식하지도 않고 살아가는 사람들이 있음을 드러내 주는 신학이다. 그렇다면 그리스도와 관련하여 살아가긴 하지만, 본인이 이 그리스도와의 관계에 의하여 어떤 위치에 서 있는가를 의식하지도 않고 산다는 것은 얼마나 반어적(反語的, ironical)인 상황인가? 그러므로 종말 신학은 그리스도와 관련해 있는 개개인이 종말론적인 실존을 가지고 있음을 분명히 하도록 한다. 여기서 기독교 윤리의 모습이 주어지는 것이다. 그뿐만 아니라, 그 개개인들의 공동체인 교회가 종말론적 공동체로서 이 세상 가운데서 그들이 속해 있는 오는 세상의 질서인 하나님 나라를 나타내 보이고 증언하도록 하는 역할도 하게 될 것이다. 이런 종말론적 실존들과 종말론적 공동체는 그 하나님 나라 백성 됨에 충실하면서, 그 나라가 극치(consummation)에 이르기를 위해서 기도하기를 그치지 아니하는 것이다. "나라이 임하옵시며!"

Ⅳ. 앞으로 나타날 종말 신학의 구조

이런 특성을 지닌 하나님 나라 신학, 이런 종말 신학은 어떤 구조를 가질 수 있을까? 어떤 단일한 구조를 말한다는 것은 신학이 표현될 수 있는 그 다양성을 빼앗는 극히 부자연스러운 일이라고 생각된다. 여기서는 필자가 생각하는 세 가지 구조를 제시하고, 앞으로의 논의와 그에 근거한 본격적 종말 신학 제시의 근거로 삼고자 한다.

첫째 구조는 위에서 살핀 반 오스테르제의 하나님 나라 신학의 구조와 비슷한 구조이다. 즉, 조직 신학의 가장 전통적인 방법이라고 할 수 있는 소위 종합적 방법을 따르되, 그 논의에 있어서만 우리가 두드러지게 나타내려고 하는 종말 신학적 내용을 반영시키고 하나님 나라 신학적인 논의가 되도록 신경을 쓰는 방법이다. 어쩌면 명확히 특징적인 종말 신학의 구조가 나타나기 전까지 우리가 사용할 수밖에 없는 것이 이 구조가 아닌가 한다. 따라서 필자 자신도 섬기는 학교에서 조직 신학을 강의할 때 이런 구조를 사용하여 강의하고 있다. 전통적인 방법에 따르는 교과 과정과의 조화도 꾀할 수 있는 방법이 아닐 수 없다.

이 구조에 따르는 교의학의 전반적 구조는 다음과 같이 제시될 수 있다.

1. 신학 서론: 종말 신학의 프롤레고메나

여기서는 이 소논문에서 논의된 내용들을 중심으로 종말 신학의 필요성, 방법, 구조 등의 문제가 논의될 것이다.

2. 하나님 나라의 왕이신 하나님

전통적으로 신론에 해당하는 이 부분은 하나님 나라를 이루어 가시는 하나님의 계획과 경륜, 그 주체이신 하나님의 존재의 방식으로서의 삼위일체 되심, 삼위일체 하나님의 어떠하심 등이 논의될 것이다.

3. 하나님 나라의 백성인 인간들

전통적인 인간론에 해당하는 이 부분에서는 하나님께서 어떻게 그 나라 백성을 세우시려 하셨으며, 인간이 어떻게 하나님께 저항했으며, 그럼에도 불구하고 하나님은 어떻게 인간들을 회복시켜서 다시 그 나라 백성이 되게끔 배려하셨는가(은혜 언약) 하는 것을 살피게 될 것이다.

4. (하나님 나라를 우리에게 가져오신) 그리스도

전통적 기독론에 해당되는 이 부분에서는 나사렛 예수께서 어떤 과정을 거쳐서 우리에게 하나님 나라를 선포하시고, 가르치시고, 그 나라 백성을 만들기 위해서 어떤 과정을 거쳐 가셨고, 그 각각의 과정의 의미가 무엇인지를 살펴보게 될 것이다. 이런 검토를 통해서 나사렛 예수는 과연 어떤 인물이었는지가 명확히 드러나게 될 것이다.

5. 하나님 나라 백성 됨의 과정

전통적 구원론에 해당되는 이 부분에서는 그리스도께서 이루신 구속 사역이 개개인들에게 어떻게 적용되어서 그 개개인들이 어떻게 하나님 나라의 백성이 되는가의 문제를 다루게 될 것이다.

6. 종말론적 공동체인 교회와 그 구성원의 자태

전통적인 교회론에 해당되는 이 부분은 교회가 하나님 나라와 어떤 관계가 있고, 그런 존재로서 어떤 사명을 지니고 있으며, 하나님 나라를 증시(證示)하는 그 사명을 다하기 위해서 그 구성원들이 어떤 자태를 가지고 있어야 하는지를 다루게 된다.

7. 극치에 이르는 하나님 나라

전통적 종말론에 해당되는 이 부분은 현존하는 하나님 나라가 그 극치(consummation)에 이르기까지 어떤 과정을 밟아갈 것인지를 밝히고, 이 세대의 마지막에 될 일들을 성경 계시의 빛에서 제시하고, 극치에 이른 영광의 왕국(regnum gloriae)을 성경 계시의 빛에서 그리는 일을 할 것이다.

이와 같은 구조는 전통적인 종합적 방법을 그대로 따르되 그 내용에 있어서만 손질을 한 것이므로, 그 나름대로 성경 계시에 좀 더 충실하려고 한다는 점을 제외하고서는 전통적 교의학과 별로 다른 점을 찾기 어렵다. 따라서 전통적 교의학을 성경에 충실하게 진술해 보려고 했던 이들은 제목 제시와 표현에서만 종말론적 구조에 충실하려고 했을 뿐 과연 새로운 것이 무엇인가 반문할 수도 있을 것이다.

또한 벌코프가 오스테르제에 대해서 지적했던 바와 같이, 이 구조는 하나님 나라 개념에서 필연적으로 나오는 구조라고 보기 어려운 면도 지니고 있다. 더구나 어떤 부분에서는 겹치는 듯한 느낌을 주는 곳들도 있다. 그러므로 이런 문제점들을 극복하면서 이 구조를 좀 수정한 구조가 시도될 수 있을 것이다.

종말 신학의 제2 구조는 각 분과를 통합하면서, 나뉜 부분에서는 그 나름대로 하나님 나라가 진전되어 가는 역사적 과정을 살피되, 첫째 권에서는 하나님을 중심으로 그 과정을 살피고, 둘째 권에서는 인간을 중심으로 그 과정을 살피고, 셋째 권에서는 구속받은 공동체를 중심으로 그 과정을 살피게 된다. 이때 우리는 벌코프의 지적에 유의하면서, 이런 구조를 가지는 것이 우리의 교의학의 신학적, 혹은 하나님 중심적 성격을 앗아가지 않도록 주의해야 하고, 하나님과 사람, 그리고 죄, 그리고 그리스도의 다면성이 무시되지 않도록 신경을 써야 할 것이다. 이런 종말 신학은 아마도 다음과 같은 구조를 가질 수 있을 것이다.

1. 왕이신 하나님(God as the King of the Kingdom of God)

여기서는 종래의 신론, 기독론, 성령론에 해당하는 내용 가운데서 하나님 나라의 왕이신 삼위일체 하나님을 잘 드러내 주는 내용을 진술하게 될 것이다. 이때 하나님 나라를 가져다주신 그리스도를 중심으로 하여 논의하여 나가되, 이와 비슷한 접근이 가진 문제를 극복하는 식으로 진술함으로써, 그리스도 사건으로부터 삼위일체 하나님을 이해하되, 삼위일체 하나님을 십자가 사건에 가두어 버리는 문제를 야기하지 말아야 할 것이다.

2. 백성인 인간(Human beings as the People of God)

이는 전통적 인간론과 구원론을 통합한 것으로 하나님께서 어떻게 하나님 나라를 구현하려고 하셨는지 그 계획과 이에 대한 인간의 반역, 그럼에도 불구하고 인간을 구원하셔서 그 나라 백성을 삼으시는 전체 과정을 살피게 될 것이다.

3. 왕의 공동체(The Community of the King)[30]

이는 제2권이 아무래도 개인을 중심으로 한 것임에 비해서 그 개개인들이 어떻게 구속된 공동체를 이루어 그 가운데서 하나님 나라를 증시하며, 그 나라가 그 극치에 이르기까지 어떤 역할을 해야 하는지를 다룬다.

이런 구조에 의하면 전통적으로 종말론으로 다루어지던 내용이 독립적으로 다루어지지 않고, 각 부분의 논의 가운데서 나뉘어져서 논의되며, 하나님 나라를 실현해 가는 역사적 과정이 각 권에서 모두 드러나게 되어 그 과정이 삼중적으로 다루어지게 되므로 그 풍성함을 더 잘 드러낼 수 있다는 점과, 세 권의 주제가 모두 하나님 나라 개념에서 필연적으로 나옴이 분명히 드러난다는 장점을 가질 수 있다.

종말 신학에 대한 또 다른 구조들로 삼위일체적인 방법을 사용해서 구조를 제시하는 방법, 언약 구조를 사용하는 방법, 또는 그 변형으로 역사적 진행을 그대로 진술하는 방법 등이 고려될 수 있으나, 이 방법들은 기존의 교의학 구분의 방법에서 제기된 난점을 극복하기 어려워 보인다는 생각 때문에 그리 바람직한 종말 신학의 구조라고 여겨지지 않는다.

---

30. 이 제목은 Howard Synder, *Community of the King* (Downers Grove, Ⅲ.: InterVarsity Press, 1977)의 제목을 염두에 두고 제안하는 것이다.

부디 여기서 요청된 종말 신학에 대한 다양한 반응이 우리들 가운데서 풍성하게 나올 수 있기를 원한다. 특히 그 구조에 대한 다양한 논의가 있어서, 종말 신학이 쓰일 때 도움이 될 수 있기를 원한다.

역자 후기

  본 역서는 George Eldon Ladd, *The Last Things* (Grand Rapids: Wm. B. Eerdmans Publishing Co., 1978)를 우리말로 옮긴 것이다. 부제로 "평신도를 위한 종말론"이란 명칭이 붙어 있으나 개인적으로 역자는 이것을 종말론이라고 부르는 것이 못마땅하다. 제목이 "마지막에 될 일들"(*The Last Things*)이기 때문이다. 물론 래드 교수는 그런 오해를 시정하려고 노력하고 있지만(9장 마지막 부분 참조), 제목과 부제가 연결되면, 마치 마지막에 있을 일들을 다루는 것이 종말론이라고 하는 전통적인 가르침을 따라가게 되는 느낌을 주기 때문이다. 그리고 이 책은 사실상 마지막 장을 제외하고서는 주로 마지막에 어떤 일이 있을 것인가를 다루고 있기 때문에 그런 오해를 더 쉽게 줄 수 있기 때문이다. 우리는 오히려 이 책의 마지막 장이 명백히 밝혀 주고 있는 것처럼, **예수 그리스도 사건과 오순절 사건으로부터 '종말'이 시작된 것으로 보아야** 할 것이다. 그리고 '종말론'도 그런 이해의 터에서 생각해야 할 것이다.

단지 교의학을 마무리하기 위한 것으로 다루어서는 안 될 것이라는 말이다. 그런 점에서 우리의 신학 활동은 그 시기적 성격(그리스도 사건 후에 있다는 성격)으로 보아 모두 종말론적이라고 해야 할 것이다.

그러나 래드 교수의 이 책은 그런 전 종말론적 구조에서 마지막 부분에 될 일을 아주 명쾌하고 간결하게 잘 설명해 주고 있다. 더구나 신학을 전문적으로 공부하지 않는 사람들을 염두에 두고 쓴 책이란 점에서 우리의 관심을 끈다. 우리 모두 이 책을 읽어야 한다는 말이 되기 때문이다. 오늘날 한국 교회에 만연하고 있는 잘못된 종말관과 또 극단의 반신학적(反神學的) 경향에 좋은 교정제가 될 수 있으리라는 생각에서 이 책을 옮기기로 했다. 부디 전문적인 사고는 신학을 전문적으로 공부하는 사람들만 해야 한다는 사고방식이 이 책을 읽으며 고쳐지기 바란다. 그리고 하나님 나라와 그 현재적 의미에 관한 공정한 평가가 있기를 바란다.

역자는 이 책을 번역하면서 특히 중간 상태를 다룬 3장에서 독자들이 많이 고민하기를 바란다. 이 고민이 우리로 하여금 잘못된 사고방식을 벗어나게 하는, 일종의 하나님의 뜻대로 하는 근심이 되리라고 생각하기 때문이다. 부디 바라기는 하나님의 말씀과 우리의 전통적인 사고방식(비록 그것이 한국적인 의미에서 기독교적인 것이라고 생각되더라도 말이다)이 대립될 때는 우리의 생각을 꺾고 하나님 말씀의 뜻 앞에 복종하기를 바란다.

래드 교수의 역사적 전천년기설과의 대조를 위해서, 후크마 (Antony Hoekema) 교수의 "종말론의 최근 동향"(『개혁주의 종말론』의 부록)을 참조하여 대조해 보기를 바란다.

조지 래드의 종말론 강의
The Last Things: An Eschatology for Laymen

조지 래드 지음
이승구 옮김

개정 1쇄 발행 2017년 9월 1일
개정 2쇄 발행 2022년 11월 20일

발행처 도서출판이레서원
발행인 문영이
출판신고 2005년 9월 13일 제2015-000099호

기획, 마케팅 김정태
편집 송혜숙, 오수현
총무 곽현자

경기도 고양시 일산동구 백석로71번길 46, 1층 1호
Tel. 02)402-3238, 406-3273 / Fax. 02)401-3387
E-mail: jireh@changjisa.com
Facebook: facebook.com/jirehpub

책값은 표지에 있습니다.

ISBN 978-89-7435-491-6 (03230)

신저작권법에 의해 한국 내에서 보호받는 저작물이므로 저작권자의 서면 허락 없이 이 책의 어떠한 부분이라도 전자적인 혹은 기계적인 형태나 방법을 포함해서 그 어떤 형태로든 무단 전재하거나 무단 복제하는 것을 금합니다.